全民阅读·经典小丛书

礼仪资本

LIYI ZIBEN

冯慧娟 编

吉林出版集团股份有限公司

版权所有　侵权必究
图书在版编目（CIP）数据

礼仪资本 / 冯慧娟编 . —长春：吉林出版集团股份有限公司，2016.1
（全民阅读.经典小丛书）
ISBN 978-7-5534-9990-1

Ⅰ．①礼… Ⅱ．①冯… Ⅲ．①礼仪—通俗读物 Ⅳ．
① K891.26-49

中国版本图书馆 CIP 数据核字 (2016) 第 031794 号

LIYI ZIBEN

礼仪资本

作　　者：	冯慧娟　编
出版策划：	孙　昶
选题策划：	冯子龙
责任编辑：	刘虹伯
排　　版：	新华智品
出　　版：	吉林出版集团股份有限公司
	（长春市福祉大路 5788 号，邮政编码：130118）
发　　行：	吉林出版集团译文图书经营有限公司
	（http://shop34896900.taobao.com）
电　　话：	总编办 0431-81629909　　营销部 0431-81629880 / 81629881
印　　刷：	北京一鑫印务有限责任公司
开　　本：	640mm×940mm 1/16
印　　张：	10
字　　数：	130 千字
版　　次：	2016 年 7 月第 1 版
印　　次：	2019 年 6 月第 3 次印刷
书　　号：	ISBN 978-7-5534-9990-1
定　　价：	32.00 元

印装错误请与承印厂联系　　电话：18611383393

前言
FOREWORD

世界上最廉价而又能得到最大效益的一项特质，就是礼仪。

——"百万富翁的创造者"拿破仑·希尔

一身合适又特别的装扮，也许会让你在面试中脱颖而出；一次礼貌、诚信、机智的商务会谈，可能会为你赢得巨额订单和老板的赏识；宴会上优雅的仪态和从容的应对，不仅是你品位、修养的展现，更是你开拓交际圈的筹码……然而，邋遢的衣着、不检点的小动作、接待贵宾时的顾此失彼，都有可能将你期盼已久的成功付之一炬。

礼仪，就是贯穿在人们日常工作及生活交往中那些最不引人注意的行为规范。一些看起来微不足道的行为细节，是构筑人们形象大堤的沙土，与事业的成败紧密相连，不懂礼仪的人往往会因小失大。没有人愿意如此，但是很多时候，人们想仪态万方却不知该如何装扮；想表示敬重却不知该如何得体地表达；想展现尊贵，可言谈举止中却总是少了点儿优雅。为了解答现代人的礼仪困惑，为

礼仪资本

了解决现代人的礼仪困境,我们在礼仪专家和学者的指导下,精心编写了《礼仪资本》一书。

本书是一本轻松实用的现代礼仪指南,针对现代社交场合必用和常用的每一项礼仪,我们都详细地介绍了它的规范、应用要领以及相关禁忌。此外,我们还为其中一些重要礼仪绘制了精美的图片,以便读者能够更直观地看懂它们,更准确地学会它们。

衷心希望每位读者都能成为"礼仪达人",在各种社交场合游刃有余,赢得人脉和机遇。

目录
CONTENTS

绪论 你的礼仪资本何止百万？/ 009
看奥巴马"礼"赢天下 / 010
得体地装扮——打造美国式领袖形象 / 010
得体地说——学习大师的言谈技巧 / 012
待人如己——礼仪的金科玉律 / 013
别放弃你最容易"赚"到的成功资本！/ 015

装扮礼仪——不怕以貌取人 / 017
男士装扮 / 018
日常装扮 / 018
职业装扮 / 020
鞋袜与配饰 / 031
女士装扮 / 034
日常装扮 / 034
职业装扮 / 039
鞋袜与配饰 / 043
特殊场合装扮 / 048
面试 / 048
宴会 / 051

礼仪资本

婚庆 / 053
葬礼 / 055

仪态礼仪——举手投足的魅力 / 057
举止优雅 / 058
优雅地站 / 058
优雅地行 / 060
优雅地坐 / 062
优雅地蹲 / 063
优雅的手势 / 064
表情优雅 / 070
优雅的目光 / 070
优雅的笑容 / 071
优雅的见面礼 / 073
名片礼 / 073
握手礼 / 076
拥抱礼 / 079
亲吻礼 / 080

目录
CONTENTS

沟通礼仪——让沟通更有效 / 081
交谈礼仪 / 082
交谈的一般礼仪 / 082
礼貌用语 / 086
提高话语说服力 / 089
拒绝的艺术 / 091
联络礼仪 / 094
固定电话 / 094
手机 / 100
网络通信工具 / 104

餐饮礼仪——优雅、从容、不失礼 / 107
中餐礼仪 / 108
中餐桌次与位次 / 108
中餐餐具使用 / 110
中餐用餐礼仪 / 113
品饮礼仪 / 117
西餐礼仪 / 124
西餐桌次与位次 / 124

礼仪资本

西餐餐具使用 / 125
西餐用餐礼仪 / 129
饮酒礼仪 / 135
餐厅礼仪 / 137
预约与到达 / 137
点餐与点酒 / 138
结账与离席 / 141
餐厅礼仪细节 / 143

位次排列礼仪——前后左右体现高低尊卑 / 145
出行位次 / 146
行进 / 146
电梯 / 147
乘车 / 148
商务活动位次 / 150
会议 / 150
谈判 / 152
签约仪式 / 154

绪论

你的礼仪资本何止百万?

早在两千多年前，荀子就将礼仪的重要性阐释得清清楚楚——"人无礼则不立，事无礼则不成，国无礼则不宁。"五百年前，西班牙最伟大的作家塞万提斯也对礼仪发出了"礼貌周全不花钱，却比什么都值钱"的感慨。当前，礼仪在协调人际关系方面的巨大作用，已被各方人士所识。人们开始明白，形象也好，言谈举止也好，每个礼仪细节都关乎个人能力的考评，都可能对人际交往的结果产生影响。因此，有人说礼仪是一个经济概念，是最微小但却能换回最大价值的资本。真的是这样吗？不妨先看看奥巴马如何用礼仪"赢天下"！

看奥巴马"礼"赢天下

2008年11月5日正午，一个叫作奥巴马的男人，打破了美国社会根深蒂固的种族偏见，以压倒性优势当选为美国有史以来第一位黑人总统。奥巴马何以做到这一点？恐怕没有人不承认，他迷人的着装、彬彬有礼的言行举止、卓越的言谈技巧和逼人的个人魅力是不容忽视的重要原因。这些连其竞争对手麦凯恩也心知肚明。麦凯恩曾经语气微酸地嘲笑奥巴马"是明星，但不是领袖"。然而，谁说明星和领袖是绝对矛盾的两种人呢？

● 得体地装扮

——打造美国式领袖形象

在谈论奥巴马的时候，人们不仅讨论他的政见，还讨论他的西服、

领带、皮鞋、黝黑的皮肤、迷人的笑容以及举手投足间散发的领袖风范。他似乎有倾倒众生的魅力，甚至连时尚杂志主编、好莱坞明星、时装设计师都佩服不已。在参加一期脱口秀节目时，奥巴马以黑色单排扣西服代替了中规中矩的深蓝色西服，配上标准的白色衬衫和一条宽2.5英寸的浅蓝色领带。这身着装让他赢得了主持人由衷的赞赏："你穿了一套极品西服，那真是一套有候选人资格的西服啊！"当天参加同一期节目的奥斯卡影后哈利·贝瑞对主持人的话也深以为然，称赞道："我喜欢这套西服，我还会给他的衣服投票。"奥巴马的穿着其实非常的简单，他钟爱美国老牌Hartmarx的西服，这一选择既符合主流审美，又没有炫富的姿态，而且他穿西服每次都只扣一个扣子。人们说奥巴马这种从容的穿着方式，代表着"美国式"的自信。

"形象能够成就一个男人，也能成就一个总统。"用这句话来形容奥巴马真是再合适不过。奥巴马为自己打造了一个冷静、睿智、低调、高贵的"个性化总统"形象,并因此赢得了美国的万千民心。

● **得体地说**

——学习大师的言谈技巧

就算到了今天,人们对奥巴马的语言艺术依然津津乐道,赞誉他是一个天生的语言艺术家。或许人们早已忘记了他曾经参加竞选时的失

败，但是奥巴马自己不会。2000年，奥巴马在民主党内的一次提名战中遭遇惨败。原因是他的演讲有过于浓厚的教授风格和精英气质，这不是普通选民喜欢的演讲方式。之后，痛定思痛的奥巴马决定从失败中吸取教训。为了改掉学究式的演讲风格，他深入黑人教堂，学习黑人牧师的讲话节奏和神态，研究说话技巧。2004年，参加民主党全国代表大会的奥巴马，以一场言简意赅、主题突出、激情四射的演讲一炮而红。

当选为美国总统后，奥巴马更加注重自己的言谈礼仪。在与中国领导人进行一次的战略和经济对话中，他引用了著名篮球运动员姚明和中国古代思想家孟子的话。这不但体现了对中方领导人的尊重，更在无形中拉近了双方之间的距离。

● 待人如己

——礼仪的金科玉律

"己所不欲，勿施于人"，自古以来，礼仪就以敬人为基本原则，通过损人来使自己短期获利是失礼的行为，更是十分愚蠢的行为。奥巴马显然明白这一点，因此即便是对竞争对手，他也绝不落井下石。萨拉·佩林是奥巴马的竞争对手麦凯恩的搭档，竞选期间这位漂亮的副总统候选人出了一件糗事，她年仅十几岁的女儿怀孕了。当记者拿这件事追问奥巴马的看法时，奥巴马平静地说："我妈妈18岁时就生下了我。"这是一个高尚而诚实的回答，为萨拉·佩林解围的同时，也显示了自己的磊落和坦荡。

一叶知秋，虽然这些只是奥巴马遵守礼仪规范的几个小片段，但不难看出奥巴马对礼仪的重视。当前，纵观各国，任何一个形象邋遢、举止粗鲁、言语间脏话迭出的人都很难得到他人和社会的认同。因为礼仪是一种无声的语言，所蕴含的内容相当丰富，职业、修养、精神面貌、经济状况、地位……真可谓"一切尽在礼仪中"，人们只要观其礼便可知其人。

别放弃你最容易
"赚"到的成功资本!

  礼仪不仅对奥巴马的成功至关重要,它更是所有人踏上成功之路的关键要素。那么,礼仪何以对成功具有如此重要的作用呢?这要从礼仪的本质讲起。

  礼仪作为文明社会的一个标志,其最为重要的作用之一就是规范人们的行为,也就是告诉你什么事可以做,什么事不可以做。这或许不如法律来得直接和强硬,但是在人们的心中却常常有着更为强大的力量。简言之,遵守礼仪能让你避免一些错误,让你的行为更符合大多数人的价值观。

孔夫子有言："礼者，敬人也。"礼仪最讲究的一点就是要对别人表示尊敬。俗话说："要想别人怎样对你，你就应怎样对待别人。"以礼待人，向别人真诚地表达自己的尊敬，自然也会得到别人的尊敬，此所谓"敬人者，人恒敬之"。在社会生活中，面对不同地位、与自己不同关系的人，根据礼仪的规范，得体地表达自己的尊敬，对于创造和拓展良性的人际关系有着不可替代的作用。而毫无疑问，人际关系的优劣对成功又有着至关重要的作用。

荀子云"礼者，养也"，即礼仪最能体现一个人的素养。具体来说，用礼仪来规范自己的穿着打扮，用礼仪来规范自己的言行举止，会让你看起来更加儒雅而有风度，给人留下深刻而美好的印象。有一本书叫作《你的形象价值百万》，极言一个人的职业形象对成功能够起到多么重要的影响，想要让自己成为一个成功者，至少要先让自己看起来像一个成功者。

影响成功的要素有很多，如显赫的家世、骄人的学历以及不屈不挠的斗志等。但是这些资本不是人人可得。而礼仪则不同，只要具备基本的礼仪常识，有遵守礼仪的意识，你就容易用礼仪斩获成功。可见，礼仪是你最容易"赚"到的成功资本。

装扮礼仪

——不怕以貌取人

装扮是指人的外貌、着装、打扮等。初次见面，人的大脑只要数秒钟就能做出对他人第一印象的判断，而形成判断的"情报"就是装扮。也就是说，"以貌取人"并不是空穴来风，在人际交往中，它其实是个普遍现象。当前，在需要广泛交际的现代社会中，装扮更是展现自我、赢得好感、开拓交际圈的首要筹码。

男士装扮

聪明的男士即便衣柜里仅有几件衣服，也总能让自己每一天看起来都有很好的状态。在出席各种正式场合的时候，也总让自己的着装显得非常得体。聪明男士的装扮使自己显得鹤立鸡群，既显得儒雅又充满自信。其原因之一就在于，他总会遵守以下的装扮礼仪规范。

● 日常装扮

居家生活的装扮，以舒适、随意为原则，不必过于严谨和正式。但是如果要见人，哪怕是不太重要的人甚至是自己不认识的人，也注意不要让形象给自己丢脸，至少让自己看上去整齐舒服。

男士日常装扮规范

整洁大方是男士日常装扮最基本和最重要的原则，为此要对以下若干问题加以重视：

■ 头发。保持头发的清洁，无异味、无头屑；发型大方，可根据喜好选择发型，但一般来说，头发的长度以不遮盖耳朵和后衣领为宜；不能涂抹太多的发胶。

■ 眼睛。眼角的分泌物要及时清除。

■ 脸部。保持脸部的清洁，无泥污、皮屑。鬓角和下巴的胡须要剃掉，保持脸部的清爽。

■ 鼻部。剃掉过长的鼻毛。

■ 口部。保证牙齿洁白，保持口腔的清洁、无异味。男士可能经常会接触到烟酒等有刺激性气味的物品，要随时保持口气的清新；参加重要场合之前，禁食蒜、葱、韭菜、腐乳之类气味刺鼻的食物，即使吃了也应当刷牙或嚼口香糖，以去除异味。

■ 手部。保持手部清洁，指甲及时修剪。

■ 气味。男士的汗腺比较发达，可能稍微运动就会出汗，从而使身上带有一股"汗酸味"。男士平时可在身体上喷洒一些古龙水。运动前可在腋下、胸前等易出汗的地方喷一点止汗露。

■ 着装。衣服应整洁，袖口和领部不能有污垢；衣服应平整，不能皱巴巴的；正式场合男士不能穿短裤，也不能卷起裤腿。

■ 鞋袜。鞋内无异味、鞋面无尘、鞋底无泥。

男士日常着装雷区

尽管如今是个崇尚个性和自由的年代，但男士的日常着装还是要遵循一定的规范，如果穿得过于另类或者不合时宜，只会让观者感到诧异。

■ 过于肥大的衣物。肥大的衣裤加上一副无所谓的表情，虽然时尚，但剪裁合身的衣服不仅穿起来舒服，重要的是别人看起来也舒服。

■ 闪闪发光的衣物。在舞会上，闪闪发光的衣物可能会让你看起来魅力四射。但是在平时，这样的衣服可是会让你成为众人注目的焦点，因为过于滑稽的事物也总能吸引别人的目光。

■ 图案古怪的衣物。这些东西或许能为你赢得别人的目光，但是你得考虑这些目光里隐藏的是赞赏还是不认同。

职业装扮

要成为一个成功者，至少应让自己看起来像一个成功者。一个积极向上、有竞争力、有时代感的仪表，可以让你在第一时间得到别人的认可甚至信任，从而踏出迈向职业成功的第一步。

男士职场装扮基本原则

男士的职场装扮宜严肃、保守、正规，一般来说需要遵守如下基本原则：

■ 清爽。整齐、洁净是职场装扮的最基本要求，试问哪个老板会信任连自己都不能好好打理的下属，哪个客户会愿意与一个邋邋遢遢的人洽谈生意？

■ 简洁。职场是个讲求效率的地方，因此男性的装扮应当以"行动方便、实用性高"为原则。

■ 与周围气氛协调。不同的职业有不同的装扮要求，教师、公务员、医生的穿着要庄重些，艺术家可以装扮得时尚些。其实在装扮上融入职场一点儿也不难，只要多多观察参考前辈的服装以及职场的环境气氛就可以知晓了。

男士职场发型

男士职场发型要以成熟、稳重为原则，因此在打造时需要注意以下几点：

■ 短发为宜。虽然现在到处可见长发男士，但如果你还是职场新人的时候，最好还是以整齐、利落的短发为宜。

■ 刘海不过长。由于在职场上说话时眼睛需注视对方，因此男士最好不要留刘海，就算有刘海也以不遮住视线为基本原则。刘海过长不但会阻碍视线，还会带给人阴沉、不开朗的感觉。

■ 不宜花哨。职场男士如果将自己的发型打造得太过花哨，会给人以轻浮、不可信任之感。

■ 不宜染发。职场男士如果不是白发太多，最好不要染成过于鲜艳的发色。

男士职场最重要的服装——西服

西服是一种国际通用的男士职场服装，许多知名公司都要求男性职员着西服上班。西服的穿着有一套特殊原则，男士只有遵循这些原则，才能显得精神、潇洒、风度翩翩，任何一个着装细节上的疏忽都会贻笑大方。

西服穿着基本原则

三色原则： 三色原则就是要求男士在穿着西服时，包括上衣、裤子、衬衫、领带、鞋子、袜子在内，全身衣物的颜色不能超过三种。

三一定律： 三一定律指，男士穿着西服时，其鞋子、腰带和公文包的颜色应当一致，目前以黑色为流行色。

颜色、款式

西服可分为美式西服、英式西服、欧式西服、欧式变形西服几类。挑选西服时可根据个人喜好和个人的体形特点来做判断。除此之外，西服的挑选还需要根据出席场合来判断：

正式场合： 在正式场合男士西服应是单色，基本色调可为蓝色、棕色或黑色，其中以黑色最为常见。西服面料以纯毛面料或含毛比例较高的混纺面料为宜，这些面料挺括、悬垂，显得比较有档次。

非正式场合： 在一些非正式

场合，男士西服可以是多色的或带有条纹、格子，甚至还可以有少量图案。西服面料也可以多种多样，如麻、皮、丝等。

拆除商标

西服上衣左边袖子的袖口处，通常缝有一块商标，有时候那里还同时缝有一块纯羊毛标志。在正式穿西服之前，一定要将它们拆掉，这表明西服已经启用。如果因为西服是名牌而舍不得拆掉商标，则难免贻笑大方。

系对纽扣

西服上衣的纽扣有单排、双排和三排之分：单排两粒扣的，只扣上面一粒；双排扣的要求把纽扣全部系上以示庄重；三排三粒扣的，可以只系中间一粒或者系上、中两粒纽扣。

用好西服口袋

西服口袋不宜放过多东西，以免使西服走形。

上衣左胸口的衣袋只能放些鲜花或装饰手帕，钢笔等物不可插放于此，以免显得土气。

上衣内侧的口袋可放票夹、名片夹等物，但不宜太鼓胀，以保持衣服胸部的平整。商务男士可将一支质地精良的钢笔放置于此处，取用时能够尽显优雅风度。

裤子的口袋若存放东西，也应当以不影响整体形状为基本要求。

臀部的口袋只起装饰作用，不能放任何东西。

保持西服的平整

西服的美体现在它挺括、有立体感。倘若穿着皱巴巴的西服，则毫无美感可言。因此，在穿着西服之前，不妨用熨斗熨烫一下。熨烫时应在熨斗与西服表面之间放一块薄棉布，以防止西服表面出现亮面的效果，影响美观。

衬衫是西服的配件

衬衫是西服的重要组成部分，配上合适的衬衫，西服才更显挺括。选对并穿好衬衫也是一门学问。

面料

宜选择精纺的纯棉、纯毛材料制作的正装衬衫，也可酌情选择以棉、毛为主要成分的混纺衬衫，这些面料的衬衫舒适、柔软、视觉效果好，且因为多是纯自然原料，对皮肤亦不会造成伤害。

色彩

搭配西服的衬衫，色彩必须单一，而且在正式的商务场合，白色衬衫几乎是唯一的选择。此外，蓝色、灰色、绿色、黑色等颜色的衬衫亦可在某些正式场合穿着。

图案

倘若不是出席商务会议等重要场合，选择竖条纹的衬衫当作西服衬衫也无不可。需要注意的是，竖条纹的西服衬衫不宜搭配竖条纹的西服上衣。此外，搭配西服的衬衫上最好不要有图案，印花衬衫以及带有动物、人、植物、文字或者建筑物的衬衫均不能作为西服衬衫穿着。

尺寸

挑选衬衫时，最好根据胸和肩膀的尺寸：

胸围是体现衬衣版型的重要部分。扣上扣子后胸部过于紧绷，或者胸前皱成一团，均会让一件衬衣毫无版型可言；而如能选择胸围合适的衬衣，则衬衣穿起来更显挺拔。

选择肩部合适的衬衣比较困难，大多数人的肩宽都比不上衬衣的肩宽，以至于让衬衣的肩松垮下来了。肩部是衬衣自上而下的"版型要素"，最好能让衬衣的肩刚好到肩的转角上。如果无法买到合适的成衣，定做也是不错的选择。

衣袖

西服衬衫的袖子长度要适中，最标准的长度是超过西服上衣袖口一厘米左右。此外，袖扣也是衣袖上的重要装饰品，使用得当能使人看起来高贵而优雅。袖扣具体的使用方法如下：

西服衬衫的袖口有单层和双层之分。袖扣只能佩戴在双层袖口上。

在袖扣的选择上，除了要根据衬衫和礼服的颜色对其搭配，还得和皮带扣、领带夹同色。由于现今袖扣的款式较多，因此在袖扣时还要对自己经常出席的场合加以考虑。

袖扣应该和服装的颜色保持协调和统一。如果袖扣是金色的，那就尽量避免银色饰品的出现，否则会因为颜色反差太大而使袖扣失去应有的装饰作用。

穿着注意

西服衬衫最好选择无胸袋的款式，如果穿着有胸袋的衬衫，胸袋里也不能装任何东西。

在穿西服衬衫时，衬衫上的所有纽扣，不管是衣扣、领扣还是袖扣，都要一一扣好。

穿衬衫时，无论是否穿西服外衣，其下摆都必须认真地塞进裤腰之内。

领带是西服的灵魂

人脖领之间的V字区域极为显眼，而领带正处于这个区域的中心，因此领带在着装上可以起到画龙点睛的作用。穿西服不打领带，往往会使西服黯然失色。

款式

领带有宽窄之分。人们最好根据自身的情况选择合适的宽度。领带还有箭头与平头之分，一般下端为箭头的领带，比较传统、正规；下端是平头的领带显得时尚、随意一些。那种简易的"一拉得"领带，最好不要在正式场合使用。

面料

好领带一般是用真丝或羊毛制成的，涤丝领带有的时候也可以选用。但用棉、麻、绒、皮革、塑料、珍珠等物制成的领带，最好不要在正式场合使用。

颜色

黑色西服适合搭配白色为主的浅色衬衫，配灰、蓝、绿等与衬衫色彩协调的领带。

灰色西服适合搭配白色为主的浅色衬衫，配灰、绿、黄或砖色领带。

暗蓝色西服适合搭配白色和明亮蓝色的衬衫，配蓝、胭脂红或橙黄色领带。

蓝色西服适合搭配粉红、乳黄、银灰和亮蓝色的衬衫，配暗蓝、灰、黄或砖色领带。

褐色西服适合搭配白、灰、银色和明亮的褐色衬衫，配暗褐、灰、绿或黄色领带。

绿色西服适合搭配明亮的银灰、蓝色、褐色和银灰色衬衫，配黄、色或砖色领带。

图案

从图案相配的角度讲，领带与西服、衬衣的搭配，只要掌握一些原则，就能省去很多烦恼：

同类型的图案不要相配。

格子的西服不要配格子的衬衣和格子的领带。如果你穿了件暗格子的西服，配素色或条纹、花纹的衬衣和领带就很漂亮。

格子的衬衣配斜纹的领带，直纹的衬衣配方格图案的领带。虽然都是直线条，但却有纹路方向的变化，不会单调呆板。

暗格图案的衬衣配花纹的领带。暗格在这里能当作素色处理，印花或花形图案的领带最好配素色的衬衣。如果配格子或线条的衬衣，多少都会令人感觉有点儿眼花缭乱。

位置

领带应在西服上衣与衬衫之间。穿背心、羊毛衫时，领带应位于这些衣服和衬衫中间。

系法

打好后的领带以领结挺括、饱满，与衬衫口吻合紧凑为宜。领结在外观上要呈倒三角形，在收紧领结的时候，最好有意在它的下面压出一个窝儿。

打好后的领带长度以刚好到达皮带扣为最标准，不可太长也不可太短。

此外，领带的打法也多种多样，常见的有：温莎结、半温莎结、亚伯特王子结、浪漫结、马车夫结等。

温莎结：温莎结是最正统的系法，打出的结成正三角形，饱满有力，适合搭配宽领衬

衫，用于出席正式场合。温莎结比较烦琐，但是着装人可以自由掌握领带结的形状和大小，让不同的领口都能被饱满地填塞，给人严肃庄重之感。温莎结宜用较薄的领带打。

半温莎结：是温莎结的改良版，比温莎结薄，适合较细的领带以及搭配小尖领与标准领的衬衫，但不适用于质地厚的领带。

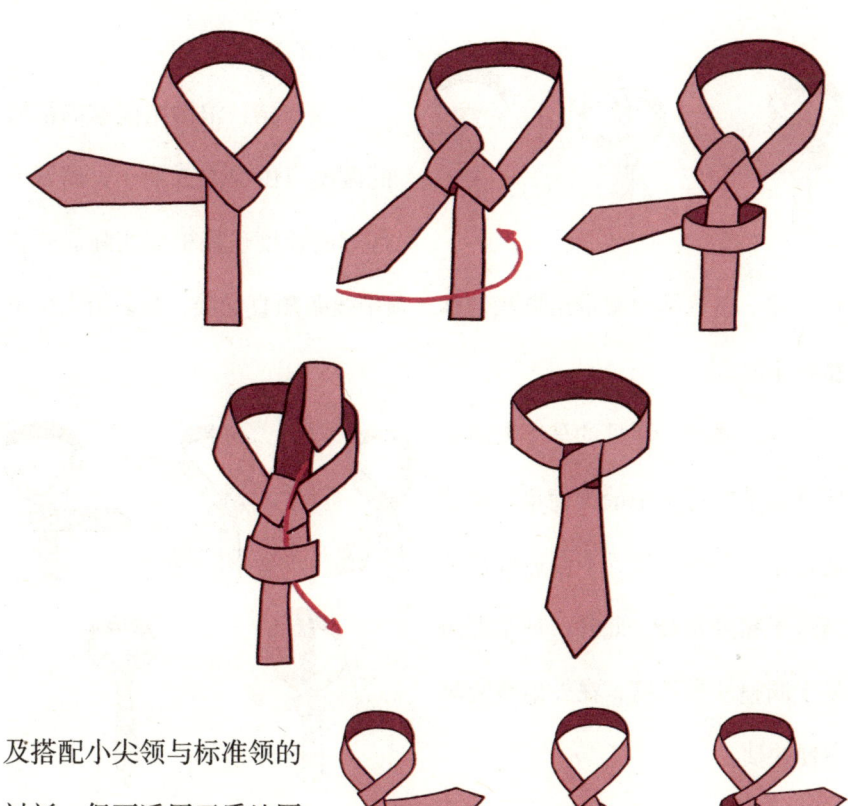

亚伯特王子结：打法步骤少，并且不会形成过大的领结拥堵领口。亚伯特王子结不适合于颜色艳

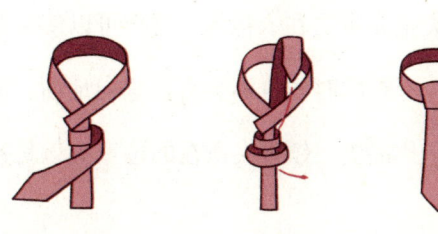

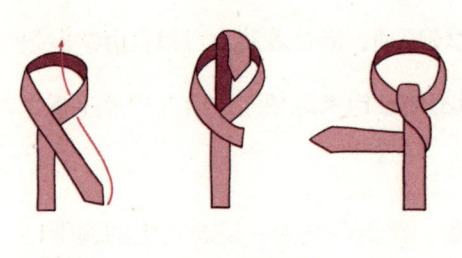

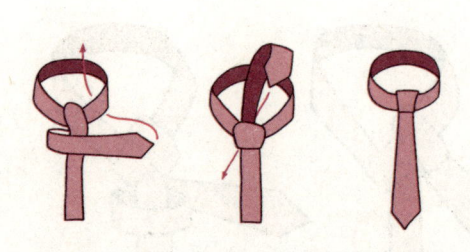

丽的领带。这是因为单色或者图案素雅的领带能够形成视觉对称的效果,而过于花哨的领带则会让人把注意力集中在领口,分散了上身的焦点。

浪漫结:浪漫结能够靠褶皱的调整自由放大或缩小,而剩余部分的长度也能根据实际需要任意掌控。浪漫结的领带结形状匀称、领带线条顺直优美,容易给人留下良好印象。

马车夫结:常见的马车夫结在所有领带的打法中最为简单,尤其适合厚面料的领带,不会造成领带结过于臃肿累赘。此外,马车夫结易于调整领带长度,在外出整装时方便快捷。

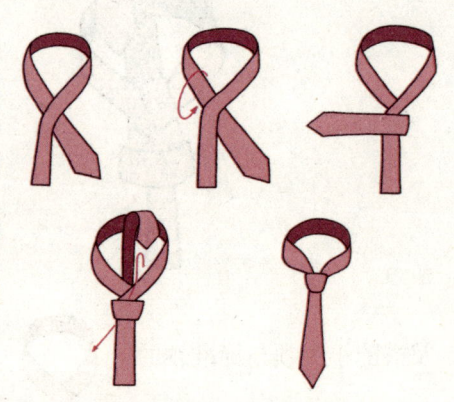

领带夹

领带夹是使领带保持贴身、下垂的服饰用品。在正式场合,男士可用领带夹把领带夹在衣襟上,这样可以使领带显得比较笔直而且不会被风吹起,弯腰的时候也不会直接垂向地面,用餐喝汤的时候也不至于让领带先代你品尝。领带夹所在的位置应该是衬衫从上往下数第四颗纽扣上边，太往上则起不到应有的作用，太往下则显得死板。

● 鞋袜与配饰

鞋袜细节

华尔街有句谚语："永远不要相信一个皮鞋带泥的人。"英国人形容穿黑皮鞋配白袜子的人："那样的装扮就像驴子的脚。"可见，鞋袜细节不能忽视。

袜子

颜色：袜子颜色的错误最显眼，因此要首先注意。总的原则是，裤子、袜子、鞋的颜色要协调。一般来说，袜子的颜色跟西裤或皮鞋一样基本不会错。休闲类白袜子可以配休闲服、白皮鞋，而运动类白袜子只有配运动鞋才合适。

花纹：正装一般配没有花纹或者暗花的袜子。休闲装可以穿色彩丰富的袜子，只要跟衣服和鞋协调就行。如果衣服很花哨了，袜子就应素雅一些，如果衣服比较简洁，袜子可以有些花纹或图案。

筒高：在着装礼仪中男人露腿毛或肉，是很不文雅的。因此男人着西服或休闲服，至少要穿筒高22厘米的袜子。如果是非常正式的场合，着正装或礼服，那袜筒就要更高了。如果一般休闲、家居、慢跑，可以穿16厘米左右的中短

筒袜。如果是羽毛球、乒乓球等运动，一般穿10厘米左右的短筒运动袜。如果是家居或进行攀岩等一些特殊运动，则需要穿5厘米左右的船袜。

材质： 袜子的材质要与服装相搭配。如果是厚实的羊毛或条绒西服，要配相应厚度的棉或羊毛袜。如果穿薄的浅色的西服，那就要配轻薄的袜子。

鞋子

绅士风度始于足下，鞋的得体穿着也是装扮礼仪的一个重要方面。从作用来看，鞋是服饰的配件，具有点缀作用。穿鞋的艺术应当是让鞋与服饰浑然一体，而不是让人一眼就看见鞋。

颜色： 鞋的颜色不应浅于裤子。黑皮鞋可以配灰色、藏青色或黑西服，深棕色的鞋配黄褐色或米色西服效果也是不错的。

款式： 穿西服时必须穿皮鞋且以真皮皮鞋为佳，尤以牛皮皮鞋为最好。旅游鞋、布鞋、各式时装鞋与正规的西服或礼服不配，但是它们与T恤、牛仔或灯芯绒衣服相配就相得益彰了。

配饰细节

男性的配饰并不多，不过每一件配饰都是主人品位、爱好、生活态度的反映，是争取别人好感的重要工具，因此需要仔细对待。

腰带

一般来说，腰带的颜色应比裤子的颜色略深。如果是职场着装，腰带以黑色或棕色皮革制品为宜，颜色应与鞋子协调，长度最好介于第一和第二颗裤扣之间，宽度保持在3厘米左右。如果腰带太窄，会使男性失去阳刚之气；如果腰带太宽，则只适合于休闲、牛仔风格的装束。此外，颜色较浅的腰带比较适用于休闲风格的着装。

公文包

公文包以黑色、皮质、款式简单大方为宜，商务人士忌用发光、印满图案的公文包。

公文包不宜过大，放置东西应整齐有条理，不应杂乱或者过多。

穿着西服时，公文包一般拎在手里，专门的手包也可握在手中或者夹在腋下，不应选择肩挎或者斜挎的皮包。

女士装扮

"云想衣裳花想容",相对于稳重单调的男士着装,女士们的着装则更为鲜亮丰富。得体的穿着不仅可以使女士更加美丽动人,还能够反映女士的修养和品位。

● 日常装扮

日常生活中,女士都爱把自己打扮得漂漂亮亮,只是这也要以遵守基本的装扮规范为前提,以免弄巧成拙。

女士日常装扮规范

无论长相多好、服饰多华贵,倘若忽视了清洁的重要性,满脸的泥污、浑身的异味都必然会让一个人毫无美感可言。因此,女士应对以下问题加以重视:

■ 头发。保持头发清洁,无异味、无过浓香味;不管是长发还是短发,发型都要干净利落;掉落在身上的发丝要及时清理干净。

■ 眼睛。眼角不要留有污秽物;可以修眉,但最好不要修出奇怪的眉形,刻意标新立异。

■ 脸部。保持脸部的清洁,无泥污、皮屑;因内分泌失调而长出的类似胡须的汗毛,应及时治疗,并予以清除。

■ 鼻部。鼻毛过长时要注意修剪。

■ 口部。保持牙齿洁白,保持口腔的清洁、无异味。参加重要场合之前，禁食蒜、葱、韭菜、腐乳之类气味刺鼻的食物，就算吃后也应当刷牙或嚼口香糖，以去除异味。

■ 手部。保持手和指甲的干净；指甲宜修剪整齐，最好不要留过长指甲；指甲油的颜色不要过于艳丽；平时要注意保护手部，不让其出现红肿、粗糙、皱裂的现象；在着装时应有意识地避免穿容易露出腋毛的衣服，如果要穿此类衣服，应先剃去腋毛。

■ 腿部。腿毛长且粗黑的女士，在穿裙装和薄丝袜时，应当将腿毛剃掉；如果穿露脚指的鞋，要注意修剪脚指甲。

■ 气味。保持体味纯粹，不要让过多化妆品的香味和香水味混合成"恐怖香味"。

■ 着装。衣服应整洁，袖口、领口无油污；衣服的表面不要出现内衣痕迹；正式场合不能穿短裤或超短裙；在较为严肃的场合，裙子宜在膝部以下。

■ 鞋袜。鞋袜要干净，无异味；不要穿残破的长筒丝袜，最好在包里放一双备用。

女士香水使用

香水是女士常用的化妆品。香水的使用可以增加女性个人魅力，但是倘若使用不当，香水也会变成"香味炸弹"。

香型选择

不同的场合，应使用不同味道的香水：

职场：女性在工作场合宜使用气味淡雅的香水，既能体现自己的优雅,又不会给人以唐突之感。

晚宴：参加晚宴时宜使用气味淡雅的香水。因为浓郁的香味会干扰食物的香气,也会破坏用餐同伴享受美味的兴致。

婚庆场合：婚庆场合可使用香气浓烈的香水。

运动场合：运动旅游场合宜使用品牌中标有"sport"字样的运动香水。

私密时光：个人私下的亲密时刻,浓烈诱人的古典幽香通常能让整个氛围更富有情调。

喷洒方法

香水不宜洒得太多太集中,最好拿着香水瓶在距离身体20厘米处喷洒。也可将香水喷向空中形成香雾,然后走进香雾里,让香水珠均匀地落在身上。

喷至脉搏跳动明显的部位,因为这些部位体温较高,所以香味的扩散性最佳。耳后、臂弯、膝盖、颈后等部位也都是适宜喷洒的部位。此外,还可将香水喷洒在发梢处,这样随着头发的飘动,便可散发出阵阵清香。

不宜在炎热的夏天使用香水,也不宜往鞋袜内喷洒香水,因为香水与汗水或臭味混合后会散发出难闻的味道。此外,一次最好只用一种香水,几种香味混合就会变成怪味。

香水应避免直接喷洒在白色的衣服上，因为多数的香水都含有色素，直接喷洒在白色衣服上会有香水残留，从而影响到衣服的美观。

女士文胸穿着规范

与男性相比，文胸是女性所特有的一种服饰。文胸的穿戴应秘密进行，倘若不明白这一点，文胸就会让你丢脸。

忌文胸外露

在较为正式的场合，文胸应该隐藏在衣服之内，不宜外露。

注意文胸卫生

文胸虽然隐藏在内，但是也要勤加换洗，不要让其脏兮兮的，甚至散发出异味。

整理文胸应私密

在公共场合，如果女性感觉文胸戴得不舒服，应就近寻找卫生间，在卫生间内得体地处理。这样隐蔽地调整衣物，不必担心形象受影响。

在长辈和上司面前整理文胸，是对对方的不尊重，是缺乏教养的一种表现。公然在小辈面前整理文胸，则可能会引起小辈的反感。

在关系并不亲密的异性面前整理文胸，是极不稳重的一种表现。如果只是一种无意识的行为，则显示出教养低、文化素养差，应注意避免此类行为。

女士日常化妆禁忌

化妆是为了把自己最美好的一面呈现给别人,但是化妆也有禁区。如果不慎犯了忌讳,反而会给自己的形象带来负面的影响。

化妆是极为私密的事,当众化妆是要不得的。倘若当众化妆,不仅有卖弄之嫌,而且还显得肤浅。因此,妆容最好在出门之前化好,如果时间来不及,也应该到化妆间内进行。不宜在异性面前化妆。在关系一般的人面前化妆,则有"以色事人"的嫌疑。这些均会使自己的形象大打折扣。

如果妆面出现破损,应及时避人补妆,否则会让人觉得你低俗、没有教养。

不要让自己的妆容影响到别人。如果把妆化得过浓、过重,香气四溢,令人窒息,这对别人显然是一种干扰。

不可随意使用他人的化妆品。每个女人的化妆盒都具有隐私性,隐藏着自己的喜好和习性,没有人愿意将其公之于众。贸然使用他人的化妆品,等同于侵入他人最隐秘的私人空间,是非常不礼貌的行为。另外,直接接触皮肤的化妆品,最易带上个人细菌,出于对自己以及对方健康的考虑,也不宜使用别人的化妆品。

不要让自己的化妆用具污浊、杂乱。女士随身携带的化妆用品,应该有条理地放在化妆包内,以便从容地取出使用。如果对化妆品的整洁不加注意,从化妆包内取出的粉刷、粉饼、唇刷、眉刷等化妆工具都是脏兮兮的,那么主人想必也是格调不高的人。

不要评论别人的妆容。化妆是个人的事,各人有各人的喜好,所以不宜对别人的妆容进行评论。

职业装扮

职业女性要摆脱人们脑海中根深蒂固的弱者印象,塑造"巾帼不让须眉"的干练形象,则首先要在服装上体现出自己的职业素养,展现自己优雅成熟的职业风采。为此,至少要遵守女性职业着装的基本礼仪。

女士职场装扮基本原则

职场女性的装扮,首先讲求端庄、稳重。人们对装扮过于花哨怪异者的工作能力、工作作风、敬业精神、生活态度等,都会持怀疑的态度。

成熟干练

不浓妆艳抹。浓妆艳抹只会让老板怀疑你专注的是工作还是化妆。不做可爱装扮。尽量避免身上色彩斑斓或是过于幼稚可爱,这样才能提高前来拜访的客户对公司能力的信任度。

大方得体

不过于暴露。职场是严肃的场合，过于暴露的服装除了让自己看起来更性感之外，也会让自己看起来更轻浮。这样的着装往往会让人低估了你的才智，不利于你在职场上的成功。

不过于紧身。女士衣服的尺寸如果过于短小和紧身，就会给人以不稳重之感。

不过于时尚。在办公室里，女性需要表现的是工作能力而不是赶时髦的能力，倘若倒置了本末，只会让人觉得你缺乏业务能力。

女士职场发型

职场女性的发型应整理得整洁、清爽、自然，具体来说需要注意以下几点：

■ 刘海不过长。同男性一样，女性的刘海也不应过长。否则工作时刘海容易遮住视线，让自己忍不住去拨弄，这样自然影响了工作效率。

■ 头发不妨碍观察。职场做事需要耳听六路，眼观八方，若头发太长垂散在两颊，妨碍了女性的观察力，就会影响她们及时应对周遭事务的能力。因此，长发的人最好在两侧夹上发夹，或是将头发梳理整齐后绑好。一个干练的发型，是职场女性的最基本要求。

■ 不要用太多发胶。为了打造一个整齐、干练的发型，许多女性都选择用发胶来固定头发。发胶的用量最好不要多，不然会给人一种油腻、不清洁的感觉。

女士职场妆容

职场上，合适的妆容不仅能为女性赢得别人的好感，甚至还能帮助其得到认可。具体来说，女性职业妆要注意以下要点：

■ 底妆。职场女性一般长时间待在空调房里，因此最好选择有保湿效果的粉底。此外办公室内的照明一般是冷调的光源，因此底妆的色彩最好选择暖色调。

■ 眉毛。眉毛对脸型的调整有很大的影响，一般来说，圆脸、宽脸型的人宜将眉形挑高点；长脸、窄脸型者，宜将眉形修得略平直些。

■ 眼妆。为提亮眼神和强调妆容的职业感，职场女性可画上清晰的眼线。眼影宜选择清爽的色彩以展示职业素养。睫毛膏一定要用黑色或棕色，其他颜色的睫毛膏只会让自己成为办公室里的异类。

■ 颊妆。职业妆，腮红一般不能浓于唇彩。

■ 唇妆。职业女性宜选用有透明感的唇彩，可以不用勾勒唇线。

职场女士必备服装——套裙

套裙之于女性一如西服之于男性，是适合在正式场合穿着的正装，也是职场女性的规范衣着。剪裁得宜、颜色淡雅的套装，能够充分展示女性靓丽的一面。而西式外套搭配一条合适窄裙的装扮既彰显了女性独特的魅力，又符合公共场合庄重严肃的着装要求。

套裙的挑选

要挑选一套适宜合体，富有个性特色的套裙，确实有一些讲究：

颜色： 套裙的面料色彩应与着装人的肤色合理搭配。肤色较深者，面料色彩不宜过于艳丽，以中性较为适宜；肤色较浅者，一般可不受色彩因素的限制。

质感：一要视穿着用途而定。比如说日常上班与业余休闲，对于面料的选择就不一样。二要考虑与其他服饰的搭配。比如说，配丝质围巾和丝绸衬衫时，套裙的面料质感需要较细腻，这样才能产生比较和谐的效果。

款式：挑选套裙时，首先应选设计新颖、造型不俗、有现代感的款式，此外还应结合自身的体形特征来选择。如一件大翻领套裙衫穿在身材较高、体形丰满的女士身上比较适合，而身材矮小瘦弱者就不适宜穿着。

套裙的穿着规范

职场女性若想在正式场合仪表不俗，套裙的穿着也要得法。整体来说，套裙一定要穿得端正，上衣的领子一定要翻开，衣袋的盖子一定要盖住衣袋，应该扣好的纽扣一定要认真检查其是否到位。此外，对于组成套裙的单件衣物，也都有自己的穿着要求。

上衣：女士正装上衣讲究平整和挺括，应较少使用饰物和花边进行点缀，穿着时要求纽扣全部系上。

衬衫：女士正装衬衫以选择单色为最佳。此外，穿着衬衫时还应注意，衬衫的下摆应塞入裙腰之内而不要悬垂于外，也不要在腰间打结；衬衫的纽扣除最上面一粒可以不系上，其他纽扣均应系好；穿着西服套裙时不要脱下上衣而直接外穿衬衫；衬衫之内应当穿着内衣且内衣不能显露出来。

裙子：女士正装裙子以窄裙为主，年轻女性的裙子可选择下摆在膝盖以上3至6厘米，但不可太短；中老年女性的裙子则应选择下摆在膝盖以下3厘米左右。

衬裙：在穿着丝、棉、麻等较薄面料或者浅色面料的套裙时，衬裙是必不可少的，否则容易造成"透视"的效果，十分不雅。衬裙可选择单薄、透气、柔软的面料，颜色应是与套裙颜色协调的单色，不要有任何图案。衬裙应比套裙稍小，裙腰不能高于套裙的裙腰，如果衬裙的裙腰暴露于外，则非常不雅。

饰物：职业女性穿着套裙是为了体现自己的职业形象和敬业精神，以及对顾客的尊重，因此，佩戴的饰物以少为佳，就算想佩戴戒指或项链，也要尽量避免过于浮夸。

● 鞋袜与配饰

与男士相比，女士的鞋袜和配饰要丰富得多，选择余地也较多。因此，在礼仪上的讲究和禁区也相应地多一些。

鞋袜细节

对于女士们让人"眼花缭乱"的服饰，以及"烦琐"的穿着规范来说，鞋和袜如何穿似乎是细枝末节的问题。但是这些细节可马虎不得，它对整体形象的影响可谓举足轻重。

袜子

一般来说，丝袜是女性最常用也是唯一能出席正式场合的袜子。运动袜则多与运动鞋配套穿着。而一些厚厚的羊毛袜或丝绒袜可在冬天里让女士们又温暖又美丽。女士穿袜除了需要适应场合和季节外，还需要注意一些细节。

不露袜口：不管着裙装，还是着裤装，女士都应小心不要让自己的袜口暴露在外。裙装可配长筒丝袜，长裤装可配长及腿肚的袜子，如果是五分、七分裤也可选择不穿袜子。穿着短及脚踝的丝袜，再配上裙子或短裤，是穿着搭配不当之一。

公共场合不整理袜子：当众整理自己的袜子是有失体统的，因此袜口的大小松紧要合适，以免走路时袜口往下掉，变成一高一低的样子，需要不停整理。

正式场合穿袜禁忌：在商务会谈等正式场合，女性不宜穿有网眼、图案或者镂空的袜子，以免给人不庄重之感。

鞋子

鞋的面积虽小，但是对形象却有很大影响。鞋子穿得对，不但能让女性走路舒服，更重要的是还能让她们"从头美到脚"，令整体造型无懈可击。

女士在社交场合，除凉鞋、拖鞋外，其他任何一种鞋子均可以随意穿着，无统一规定，只是要注意鞋子和衣裙在颜色、款式上的协调即可。比如，穿套裙时不能穿布鞋，系带式、丁字式的皮鞋以及皮靴和皮凉鞋等均不适合与套裙搭配。此外，专家建议1至2厘米左右高度的包鞋，才是职业女性的最佳选择。

将鞋子保持在最佳状态。弄脏的鞋子要及时清理，换下的鞋子可用塞鞋档或报纸来保型，并且需要擦拭鞋油以保养。如果鞋面、鞋跟已经磨损，请设法修补或换新，千万不要以为穿件长裤或长裙，就可以遮掩住鞋子的瑕疵，其实看不见的人只有你自己而已。

配饰细节

巧妙地佩戴饰品，可以对女士的整体装扮起到画龙点睛的作用。但也不宜同时佩戴太多种，否则将会使人显得庸俗和肤浅。具体到每一件配饰上，还需注意以下细节。

皮包

皮包是女性出席各种场合必不可少之物，因此学会正确选择和使用皮包应当是女性的一门必修课。

工作场合：女性日常上班时选用的皮包可以容积大一点，因为它需要容纳化妆包、钱包、手机、工作笔记、名片夹、钥匙甚至是雨伞、丝袜、纸巾等物。但是皮包也不可过大，看起来像麻袋也会令人感觉不舒服。

酒会和宴会场合：女性参加酒会或宴会时应选择小巧考究、色彩亮丽的手包，里面只放少量的化妆品、钥匙、钱等物品。

项链

项链是女性佩戴时间长、适用场合广泛的重要饰物，种类繁多，选戴项链时要使其与自己的服装和肤色相协调，以提升个人气质。

穿着柔软、飘逸的丝绸衣衫时，宜选择精致、细巧的项链，这会让人更显妩媚动人；穿着单色或者素色的服装时，宜选配色彩鲜明的项链，在项链的点缀下，服装不会显得过于单调、古板。

项链的粗细应与脖颈的粗细呈反比，即脖子较粗的人应选择较细的项链、脖子较细的人宜选择较粗的项链。

短项链适宜在穿着低领上衣的时候佩戴；中长项链适宜广泛使用；长项链适宜在较为正式的社交场合佩戴；特长的项链适宜在比较隆重的场合佩戴。

戒指

国际上较为通行的戒指佩戴规范是只戴在左手，而且以佩戴一枚为佳，最多不能超过两枚。此外，戒指不宜佩戴在大拇指上，如果在正式场合中这样佩戴，一定会让人觉得很好笑。

耳环

耳环是女性的重要饰品之一,由于它显露在人体的重要部位,直接吸引他人的注意力,因此佩戴时要谨慎。一般来说:

佩戴耳环应兼顾脸形。不要选择与脸形相似形状的耳环,以防同型相斥,使脸型方面的短处被突显。

最好不要同时佩戴链形耳环、项链与胸针。三者都集中在齐胸一线,会显得张扬且繁杂凌乱。

特殊场合装扮

懂得装扮艺术的人，一定知道要根据不同的场合来对自己的仪容和服装进行有针对性的打理，使自己的整体形象能够与所处的环境相协调，同时通过装扮来表现自己的品位和独特的魅力。

● 面试

形象是招聘单位衡量一个应聘者有无社会常识和职业礼貌的首要标准。所以，对于每一位应聘者而言，学会包装自己，塑造干练得体的形象，是面试成功的先决条件。

面试装扮总原则

面试时，一个装扮不得体甚至邋遢的应聘者通常会让人觉得并不重视这次面试和这家公司。此时HR就会考虑"这样的人，怎么能认真对待我交给他（她）的工作呢"。如同你为此准备的辉煌履历一样，精心装扮也是你的必修课。

着装

西服和套裙是男士、女士们参加面试的最简单、安全的着装。在衣服的选择上需注意：首先，衣服的质量不能太差，应尽量选择做工精细、质地考究的；其次，女士的裙子不宜过长或过短。

应聘者如果选择穿便装，也要注意你需要留给对方的印象是严谨而不失活泼，青春而不失稳重。因此，全身衣物的色彩搭配不要过于暗淡，也不要过于跳跃。

发型

面试时最保险的发型当属干净、整齐的直发，能给人以亲切、端庄的感觉。不太夸张的卷发也是一个选择，能给人以成熟之感，但一定要打理好。

妆容

面试妆容要淡雅、自然。浓妆会影响别人对你品位和专业能力的判断。因此，参加面试时可使用与肤色接近的粉底，并注意千万不要把粉打得太厚。眼线与眼影不要画得太重，唇膏要选用自然淡雅的颜色。

鞋袜

面试时，鞋袜一定要干净，袜子不能有脱丝。女生最好穿黑色、棕色或暗红色的带跟皮鞋，鞋跟不要超过7厘米，穿靴子时应该注意裙子的下摆要长于靴端。对于男生来说，黑色的皮鞋是比较稳妥的选择。

配饰

女生最好选择颜色稳重柔和的包，如黑色、白色、米色或暗红色，设计要简约，质地以皮革为佳；男生则可以携带黑色或深棕色的公文包。

按职业装扮

不同性质的机构对应聘者的期待是不同的，因此面试着装也应根据需要来调整。

政府、金融机构、教师

参加此类机构的面试,应选择稳重、端庄的装扮,这样才能给对方可信赖之感。同时应聘者要注重每一个着装细节,不要给面试官留下不严谨、不专业的印象。

传媒、广告、艺术

参加此类机构的面试,装扮应在避免随意性的同时适当体现个性。富于特色的设计和剪裁可以让人立刻生动起来,而一些精致而有特色的饰物更是可以起到画龙点睛的作用。

公关咨询

公关咨询行业的从业人员需要随时与客户打交道,既要给人留下可信赖的印象,也要有亲和力。因此在面试时,要选择端庄精致的装扮,无论是衣服、饰品还是手包都要有质感,给人稳重干练的感觉。同时整体感觉不宜太过庄重,应适当体现出热情和亲切。妆容要明亮、精致、自然,让人感觉容易交往。

技术类的工作

参加技术类工作的面试时，应聘者需要体现严谨和专业的态度，因此最好选择质地精良的套装和配饰。

● 宴会

宴会，指以宴请为形式的一种重要的社交应酬，是一种隆重且正式的社交活动。在宴会上，人们之间的交往距离相对缩小，外表给予人视觉和心理上的感受相对增强。因此，一般要求人们在赴宴的时候穿着礼服或者整齐的晚装，以示庄重。

女士装扮

参加宴会的时候，女士穿得不合时宜，不但会降低自己的格调、给他人不好的印象，不利于交际往来，更是对主办者的一种不尊重。

着装

女士参加宴会既不能穿得太严肃也不可穿得太休闲，所以此时正是各种礼服"艳光四射"的时候。礼服是指以裙装为基本款式特征的衣服，因穿着时间的不同又可分为小礼服和晚礼服两类：

小礼服是参加午后派对的最佳着装。因为，午后派对举办的时间光线充足，暴露的服装不但极容易让穿着者走光，而且还会令其他人感觉尴尬，因此参加午后派对穿着不宜太过暴露。而小礼服正是女士用于日间活动的小型礼服，是一种裙长在膝盖上下5厘米左右的裙装，具有妩媚、典雅的风格，不会过于暴露也不会过分保守，色彩明快单纯，是近

年来较为流行的一种礼服。

在庆典、晚会、酒宴等较为隆重的场合，女性应当穿着晚礼服。晚礼服以表现女性的美艳、性感为目的，多袒胸露背。女士在挑选晚礼服时，一定要注意质地，质地好的晚礼服不但能衬托出女人的形象、展示女人的品位，还能更加凸显女性的好身材。最经典的晚礼服款式是黑色、开领、无袖式，基本上适用于任何宴会场合。需要注意的是，晚礼服以及所有配饰上绝不允许有任何卡通图案，裙长应过膝，不能搭配凉拖。由于宴会的时间一般较长，晚礼服没有口袋，因此女性在参加晚宴时需随身携带一个小手袋，将手机、纸巾、口红等物品装在里面。

妆容

现代社会，女性，尤其是职业女性，出席各种聚会、舞会、宴会等活动在所难免。宴会妆是专门为这种没有自然光的环境准备的妆容。较之日常妆容，宴会妆应妆色浓艳，突出女性柔中带刚的性格，着意塑造高贵典雅的个性形象。

配饰

合适的配饰有画龙点睛之效,而过多的配饰却像画蛇添足。因此出席宴会的女士应尽可能拿掉多余的饰品,只选择一种饰品作为聚焦之物即可,千万不要让自己的配饰像圣诞树上的挂饰一样琳琅满目,那一定会降低你的品位与格调。

男士装扮

较之女士,男士的宴会装扮没有那么多"繁文缛节",一般来说燕尾服或西服是男士参加各种晚宴的通用服装。西服的穿着礼仪前面已经介绍,现在我们不妨来了解一下燕尾服的穿着礼仪。

燕尾服与西服一样有单排扣和双排扣之分。一般来说,参加正式宴会的男士最好穿黑色素面的燕尾服,除了领子与长裤侧边外,应避免任何纵面滚边。白色的衬衫、黑色的领结、黑色的宽布腰带、黑袜以及黑色的短筒漆皮鞋最适合与燕尾服搭配。如果没有黑色短筒漆皮鞋,造型简单大方的黑色亮皮系带皮鞋也可与燕尾服搭配。

婚庆

婚礼对于当事人来说是一生中最为重要的几件事之一,出于对新人的祝贺和尊重,参加婚礼者也一定要注意自己的装扮。但是要记住,你永远只是婚礼的配角,可以给婚礼增加一份喜庆和欢乐,但不要抢了主角的风头。

女士装扮

出席婚礼这样喜庆的场合,作为女士,不妨尽量把自己打扮得"花枝招展"一些，这样不仅可以给婚礼增色，还可以表达对新婚者的祝福。

着装

传统大型婚宴的着装要正式。一般来说面料好、显档次的深色中长款小礼服是参加婚礼的最好服装，再搭配一个小巧精致的手拎包就可以了。女士礼服应低调端庄，否则不仅会抢了新娘的风头，也会让在场的长辈不悦。

鞋袜

一般来说，参加婚礼时对鞋袜没有太大要求，只要跟服装配套就可以了，不过网眼袜可是婚礼上的禁忌物品。

配饰

不管女宾客的配饰是衣服上的花朵，还是宝石、珍珠等制成的首饰，都不可比新娘的抢眼。如果新娘的配饰简单，女宾客的配饰也要以简单大方为主，甚至可以不戴。

男士装扮

男士选择服装的余地总是很小，参加婚礼的着装也是如此，但仍然可以在一些细节上营造喜庆的感觉来。男士可穿深色西服参加婚礼，但领带宜选择鲜亮的颜色。

● 葬礼

葬礼是气氛最压抑、情绪最低落的场合，为与这种环境特点相协调，吊唁者的装扮应尽量低调。这是对丧礼和逝者的起码的尊重。

女士装扮

参加丧礼的女士，装扮以素淡为佳，此外在细节上还要注意以下几点：

着装

丧葬场合，女宾客的衣物颜色应当以黑色或深色、素色为主，切忌大红大绿或图案夸张的衣物。

发型与妆容

参加葬礼，女士不宜散发披肩，应将头发扎起来，且橡皮圈或发卡应选择黑色的；参加葬礼的女士妆容越淡越好，最好不要擦腮红，口红的颜色应自然；参加葬礼的女士最好不要涂指甲油，如果必须涂，也只可选择透明色或者自然色；参加葬礼时最好不要使用香水，就算使用也应当选择淡雅香型。

鞋袜

丝袜应选择肤色或者黑色的。鞋子的材质应当是无光泽的，颜色以全黑为宜。有装饰或者金属扣等显眼的款式要避免。

配饰

除结婚戒指或者订婚戒指之外,最好不要戴其他饰物。如果要戴,也只能戴简单一圈的珍珠项链。戴花手帕也是不合时宜的。不宜戴手表,如果衣袖能够遮住手表也无不可,但是仍不适合戴华丽款式的。手提包应选择无光泽材质、全黑色的,最好不要有金属装饰。

男士装扮

参加丧礼的男士应选择自己衣柜里最具"忧郁感"的服装,以深色套装为最佳选择,即深蓝色或者深灰色的西服套装。配以简单干净的白色衬衣,朴素的领带以及深色的袜子和干干净净的黑色皮鞋。如果佩戴饰物,则应当避免佩戴那些造型新奇的。

仪态礼仪

——举手投足的魅力

日常交往中，人们往往通过语言交流信息、展示自己。但事实上，在人与人的沟通过程中，表情、姿态等所起的作用，远远超过语言交流本身。因为人与人在沟通时不仅"听其言"，更在"观其行"。一个正确、优雅的仪态，有时比有声语言更富有魅力和感染力，更能打动人心。

举止优雅

行为举止包括人的站姿、坐姿以及其他各种动作。在任何场合，对一个人仪表和行为举止的观察、打量都是人们评价此人的第一方式。美化自己的行为举止，展现自己克己、自律、自爱、自强的精神，怎能不赢得人心？

● **优雅地站**

端庄、优雅的站姿能体现一个人的静态美感，它不仅可以向人传递自信、友好、热情的信息，同时也可以显示出个人高雅庄重的气质和风范。

标准站姿

站姿是人们在日常交往中最基本的行为举止。正确的站姿会给人以挺拔舒展、端庄大方、积极向上之感，是一个人举止优雅的基础。一般来说，男士的站姿应当展现潇洒的风度和十足的信心；女士的站姿应当展现亲切有礼、亭亭玉立的风范。正确的站姿需要注意以下几点：

头要正，目光平视，嘴唇微闭，下颌微收，面部表情平和自然。

躯干挺直,收腹,挺胸,立腰。呼吸自然。

双肩放松稍向下沉,双臂自然下垂于体侧,手指自然弯曲。女士双手可在腹前或胸下交叠,右手压左手。

双腿并拢立直,膝、两脚跟紧靠,脚尖分开呈60度,身体重心放在两脚中间。

工作站姿

在工作场合,正确的站姿有以下几种:

■ 垂直站姿。这种站姿如同标准的立正姿势,适宜在严肃且正式的场合里使用。

■ 前交手站姿。这种站姿要求身体直立,男性的双脚分开宽度不宜超过肩宽,重心平均分散于两脚上,双手在腹前交叉;女性的两脚尖略微分开,也可以一脚在前,脚后跟靠近另一只脚内侧的前端,重心可落在两脚上,也可落在一脚上,并可通过重心的转移来减轻疲劳,双手仍应在腹前交叉。可以在与人交谈的时候使用。

■ 后交手站姿。这种站姿要求脚跟并拢,脚尖展开60度至70度,立腰挺胸,下颌微收,目光平视,两手在身后相搭,贴在臀部。可在接受领导指示或者训话时使用。

■ 单背手站姿。这种站姿要求双脚分开90度，左脚向前，将脚跟靠于右脚内侧中间位置，形成左"丁"字步，身体重心落于两脚之间，左手背后，右手下垂，形成左背手站姿；或者站成右"丁"字步，背右手，左手下垂成右背手站姿。适合在迎接贵宾时使用。

■ 单前手站姿。这种站姿要求两脚尖分开90度，左脚向前，将脚跟靠在右脚内侧中间，左手臂下垂，右手臂肘关节弯屈，右前臂抬高至胸腹之间处，右手心向里，手指自然弯曲，成右前手站姿；或者，用相反的脚位和手位，站成左前手站姿。在正式而隆重的商务交际场合使用。

● 优雅地行

行姿以站姿为基础，实际上属于站姿的延续动作。行姿体现的是一

种动态的美，在各种姿势中，最能展示出一个人的风度和活力。

标准行姿

行走的时候，双肩应平稳，下颌微收，面带微笑，手臂放松，手指自然弯曲。摆动手臂的时候，应以肩关节为轴，上臂带动前臂，随着脚步前后自然摆动，摆幅以30至35度为宜。

在行走过程中，腿部不宜过于放松，步幅不宜过大或过小，以约等于肩宽为佳。

在行走的时候，目光不应落在脚上，而应以前方10至20米的位置为宜。

不同着装的行姿

■ 男士穿西服的行姿。西服需要平整、挺括才能展现出最好的效果，因此着西服时男士行姿也应当挺拔、优雅，穿西服的男士应注意保持后背的平直，走路的步幅可稍微大一些，手臂放松，自然地前后摆动。需要特别注意的是，行走时肩膀不要前后晃动。

■ 女士穿裙装的行姿。长裙可体现一种飘逸的美感，女士穿长裙行走时，步幅可稍大些，但一定要平稳，要注意头部和身体的协调。穿着短裙的女性步幅不宜过大，脚步频率可稍快些，保持轻快灵巧的风格。

■ 女士穿旗袍的行姿。行走时，女士应身体挺拔，下颌微收，切忌塌腰撅臀；步幅不宜过大，以免旗袍开衩过大，露出大腿；两脚跟前后要走在一条直线上，脚尖略微外开，两手臂在体侧自然摆动，幅度不宜过大。

● 优雅地坐

端正、优雅的坐姿最能体现一个人的静态美感,给人以文雅、稳重、大方、自然之感,显示出气质与涵养。

标准坐姿

在正式的场合就座时要注意以下几点:

女士就座时,双腿并拢,以斜放一侧为宜,双脚可以自然交叉,这样从正面看起来双脚交成一点,既可延长腿的长度,也显得文静娴雅;男士就座时,双脚应平踏于地,双膝略微分开,双手可分置左右膝盖之上,也可双手掌心向下相叠或者两手相握,放于身体一侧或者膝盖之上。

若是双腿交叉相叠而坐,男士搭在上面的腿和脚不可向上跷二郎腿;女士也应使两腿尽量靠拢。

坐在椅子上,头要正,表情自然亲切,目光柔和平视,嘴微闭,两肩平正放松,两臂自然弯曲放在膝上,也可以掌心向下,放在椅子扶手上。

无论是哪一种坐姿,都要求上身直挺,不可弯腰驼背,亦不可前贴桌边、后靠椅背,上身与桌子或椅背应保持一拳左右的距离。

坐着与人谈话的时候,上身与两腿应同时转向对方,双目正视说话者。

从坐姿起立时,先将双脚平踏于地,然后

将右脚向后收半步，然后慢慢站起。站起时应尽量保持上身平稳，切不可大幅度前倾上身猛然站起。

几种不雅的坐姿

我们经常会看到一些人的不雅坐姿，这些大大咧咧的坐姿毫无优雅可言，对一个人的形象有严重的负面影响。以下就是几种常见的不雅坐姿：

■ 脚尖翘起。入座后，如果以脚触地，通常不允许仅仅以脚跟接触地面，而脚尖翘起。

■ "二郎腿"。双腿交叉相叠而坐并非不可，但应该将两大腿相叠，中间不留任何空隙。如果将一条腿的小腿架在另一条腿的大腿上，中间留有大大的空隙，是为"二郎腿"，就不雅观了。

■ 腿部抖动。无论是在正式还是不正式的场合，在别人面前就座时抖动或者摇晃自己的双腿，都是不雅的行为，会给人以不够稳重的感觉。

■ 双腿直伸出去。入座之后，不要把双腿直伸出去，这种坐姿极不美观。如果对面还有其他人，这种坐姿还会影响对方。

■ 脚蹬在椅子上。为了坐得舒服，将一只脚或者双脚蹬在自己或者别人椅面下的横木上，是十分不妥的。

■ 双腿过度叉开。在面对别人的时候，双腿过度叉开也是十分不文明的举动。

优雅地蹲

蹲姿是人们在比较特殊的情况下采取的一种暂时性的体态。这里所讲的蹲姿主要是针对女性，因为传统的社会规范对女性总是有更多要求。男性的日常体态虽然不像女性这样有诸多讲究，但也要得体、大方。

标准蹲姿

如果在公共场合捡东西，在下蹲之前应确定自己是以侧面对着别人，而不能是正面或是背面；下蹲之前，让两腿和膝盖尽量并在一起，一脚在前，另一脚贴着前脚中部在后；下蹲时，穿裙装或低领装的女士应调整的裙摆，一手护在胸前，以防走光；蹲下时，上身应尽量保持直立，一手捡起东西，另一手始终护在胸前。

蹲姿的注意要点

突然蹲下或者蹲下速度过快都不合适。如果与他人同时蹲下，则应注意两人之间保持一段距离，避免彼此迎头撞到。另外要注意的是，一边蹲下一边东张西望会给人心怀不轨的感觉，令人生疑，而一边与人说话一边弯腰捡东西则是对他人的不尊重。

● 优雅的手势

手势在仪态语言中占有十分重要的位置，是人们传情达意的重要手段之一。在现代的社交场合，手势多已被赋予了特殊的含义，如果使用不当，会直接影响别人对你的印象。

> **标准手势**

递接物品的标准手势

递接物品时应用双手托起物品，并将物品从胸前递出，两臂自然弯曲，适当内合，不能只用一只手拿物品，更不能直接将物品丢向对方。

递给别人现金时，最好将其放在信封内。

表示"请"的标准手势

横摆式手势。在表示"请进"、"请"等意思的时候，常使用横摆式手势。其具体做法是，将一只手的五指并拢，手掌自然伸直，手心向上，肘微弯曲，腕低于肘。开始做手势的时候，手臂从腹前抬起，以肘为轴轻缓地向外侧摆出，到腰部并与身体正面成45度角时停止。头和身体可向手势

所指的方向倾斜，另一只手可背在身后。

前摆式手势。需要向对方做出右请的手势，而右手却拿着东西或扶着门时，左手可做前摆式手势。具体做法是，左手五指并拢，手掌伸直，从身体左侧由下向上抬起，以肩关节为轴，到腰的高度再向身前右方摆去，摆到距身体15厘米的位置时停止。

双臂横摆式手势。当宾客较多时，表示"请"的手势动作就应该大一些，可采用双臂横摆式手势。具体做法是，双臂从身体两侧向前上方抬起，两肘微曲，向一侧摆出。指向前进方向一侧的手臂应抬高一些，伸直一些；另一只手可稍低一些，弯曲一些。

斜摆式手势。在请宾客落座的时候，可用斜摆式手势。具体做法是，一只手先从身体的一侧抬起，到高于腰部之后，再向下摆去，使大、小手臂成一条斜线。

指路的标准手势

在为他人指明方向的时候，可采用直臂式手势。具体做法是，手指并拢，手掌伸直，屈肘从身前抬起，至与肩平行时向正确的方向摆去，使大臂和小臂成一条直线。

10种不恰当的手势

在许多情况下，我们都会觉得手是多余的，不知道该把它放到哪儿，于是摸摸耳朵，摸摸鼻子，玩玩衣角，殊不知这些动作早已让你的风度大打折扣。下面就是日常生活中人们不经意间会犯的手势错误：

■ 双手抱胸。此姿势有拒绝的意味。

■ 摸脸。经常摸脸不仅容易把脸弄脏，还会给人一种幼稚、无助的感觉。特别是在求职面试的时候，千万不要不停地摸脸，以免给主考官留下幼稚的印象。

■ 捂嘴。一般说了错话或谎话的人，都会有下意识的捂嘴动作。如果你捂着嘴说话，就会让人对你话语的真实性产生怀疑。

■ 抹鼻子。心理学研究认为，下意识地抹鼻子其实是说谎的一种暗示。

■ 摸眼部。眼睛是心灵的窗口，躲躲闪闪的眼神常能体现出人内心的慌张。所以，如果一个人在说话前或者说话时不停地用手揉眼睛或者扶眼镜，通常说明这个人的言语与其内心想法相违背。

■ 摸耳朵。在听别人说话的时候，做出摸耳朵的举动，通常具有"我不相信你说的话"，或者"我还需要再考虑一下"的意味。如果本意不是如此，那么显然你在无意中让对方感到不快了。

■ 玩衣角。人在紧张的时候，常常会手足无措，于是就会给手找一点事情干，如玩衣角或者佩戴的项链、胸针等。如果在求职面试的时候，你没完没了地玩衣角，那么你透露给主考官的信息就是"我很紧张""我很没有自信""我应该不会被录取吧"。

■ 双手下压。在与别人交谈的时候应真诚地与对方对视，双手自然下垂。如果是眼神散乱、目光躲闪、手掌不停下压，这样的肢体语言在告诉对方，你正在拼命地掩饰什么。对于不够坦诚的沟通对象，想必没有人会对其有好印象。

■ 两手手指相抵，轻触鼻部。这是表现思考的一种动作语言，说明这个人心里受到了触动，正在努力做决定。在某些场合，如果不希望别人看出自己的心理活动，最好不要做出这样的动作来。

■ 玩手指。玩手指的肢体语言是"好无聊啊"。因此开会时，就算再枯燥也不要玩手指。

手势语的含义

手势语都有其一定的含义，但是在不同的民族和文化背景下，其含义有所不同：

■ 翘大拇指。中国人赋予这一手势积极的意义，表示"好""第一""了不起"等，有夸奖、称赞的意味；在希腊，拇指上伸表示"够了"，有让对方滚蛋的意思，拇指下伸表示"厌恶""坏蛋"的意思；在美国、英国和澳大利亚等国家，拇指上伸表示"好""不错"，拇指向左或者向右伸，大多是在向司机示意搭车的方向。

■ 伸小指。伸小指在中国有"最小的"、"倒数第一"的意思；在日本则表示"女人""女孩子""恋人"等；在印度、缅甸，表示想去上厕所；在美国、尼日利亚等国，表示打赌。

■ "OK"形手势。将拇指和食指合成一个圈，其他三个手指伸直或者微屈，这就是OK的手势了。在中国，这个手势代表"零"或者"三"；在英语国家，如美国、英国等，表示"赞同""可以了"；在法国，表示"零"或者"没有"；在泰国，表示"没问题"或者"请便"；在日本、韩国、缅甸等，表示"金钱"；在突尼斯，表示"傻瓜"；在巴西则是侮辱男人、引诱女人的手势。

■ "V"形手势。食指和中指上伸，组成一个"V"字的造型，即为V形手势。这个手势在世界上大多数的国家表示数字"二"。在西方国家，这个手势还有"胜利"的意思。需要注意的是，在表示"胜利"的时候，一定要将手掌朝向对方；如果将手掌向内，就是贬低人、侮辱人的意思。

■ 举食指的手势。左手或者右手握拳，将食指伸直，这个手势在大多数国家表示数字"一"；在法国则表示"请求提问"；在新加坡表示"最重要"；在澳大利亚表示"请再来一杯啤酒"。

表情优雅

表情，就是面部表情，主要指脸部对于情感体验的反应动作。表情美是人仪表美的动态表现，主要包括友好的眼神和真诚的笑容。

● 优雅的目光

据统计，人87%的信息都来源于眼睛。眼神的千变万化表露着人们丰富多彩的内心世界。美国作家爱默生说："人的眼睛和舌头所说的话一样多，不需要字典，却能从眼睛的语言中了解整个世界。"印度诗人泰戈尔也说："一旦学会了眼睛的语言，表情的变化将是无穷无尽的。"正确地运用目光，得体地表现自己的感情，是赢得对方的好感的关键。

目光运用礼仪

无论是初次见面还是老朋友见面，在彼此相见的刹那，首先要睁大眼睛，以表现自己的喜悦心情。对于初次见面者，还应略微点一下头。

与人交谈时应注视对方的双眼，以表现自己的认真、坦诚与关注。注视的时间不同，表现的感情也不同，表示友好时，占全部交谈时间的三分之一；表示重视时，占全部交谈时间的三分之二；表示轻视时，占不到全部交谈时间的三分之一；表示敌视时，占全部交谈时间的三分之二以上。此外，不同的场合注视的部位也应当不同。注视对方的额头一般为公务型；注视对方的眼睛至唇部为社交型；盯住对方的眼睛至胸部为亲密型。

交谈或者会面结束的时候，目光也要收起来，表示谈话的结束。

3种目光要不得

虽然说反复打量对方是好奇、吃惊的表示，但也可能会引起对方的不高兴。与他人相处时，不宜注视其头顶、大腿、脚部与手部，注视异性时，尤其不能注视其胸部、裆部；斜视或扫视对方，也一种鄙视或轻视的表现，十分不礼貌。

● 优雅的笑容

笑容具有一种磁性的魅力，亲切的笑容可以缩短人与人之间的心理距离，打破交际障碍，为深入沟通和交往营造良好的氛围，是人际交往中的润滑剂，是广交朋友、化解矛盾的有效手段。笑容的功能是巨大的，但要笑得恰到好处也并不容易，因此微笑既是一门学问，又是一门艺术。

笑容运用礼仪

■ 含笑。这是一种程度最浅的笑，不出声、不露齿，仅仅是脸上有笑意，可表示接受对方，待人友善，其适用范围较为广泛。

■ 微笑。微笑比含笑稍深，它的特点是面部已经有明显表情变化，但牙齿没有外露。这是一种典型的自得其乐、充实满足、知心会意的表现，适用范围最广。

■ 轻笑。轻笑比微笑稍深，嘴巴稍微张开了一些，上齿显露在外，有六至八颗之多，不过仍然不发出声响。它可表示欣喜、愉快等含义，多在朋友会面或者遇到喜庆事的时候使用。

■ 大笑。大笑是一种程度最深的笑，伴随着爽朗的笑声，一般不适用在商务场合。

6种笑容要不得

真诚的笑容能让我们消除交际中的障碍，而不恰当的笑则会给我们带来尴尬和窘迫，甚至会被人厌恶。不恰当的笑容有以下几种：

■ 假笑。即笑得很虚假，皮笑肉不笑，常会令对方和自己都陷入尴尬之中。

■ 冷笑。这种笑含有讽刺、不满和不屑，容易让人产生敌意。

■ 怪笑。笑得阴阳怪气，令人心里发毛，多含恐吓、嘲讽之意，令人十分反感。

■ 媚笑。有刻意讨好别人的意味，并非发自内心，令人厌恶。

■ 窃笑。别人遭遇尴尬的时候，幸灾乐祸地看别人的笑话，也是让人十分讨厌的行径。

■ 狞笑。笑的时候，面容凶恶，多用来恐吓他人，这种笑毫无美感可言。

优雅的见面礼

● 名片礼

名片是当代人交际中不可或缺的工具之一，有人甚至将其称为另一种形式的身份证。对于商务人士来说，它记录着彼此的联络方法，是开始商务活动的敲门砖和钥匙。有了名片的交换，双方的结识就迈出了第一步。名片，除了是个人信息的展示舞台，更是个人风貌与其所在组织形象的展现。因此，名片印制是否考究，名片交换礼仪是否娴熟，直接关系到个人或企业的"考评得分"。

递送名片的时机

恰当时机

社交活动历来是递送名片的好机会。因此出席重大的社交活动，一定要准备好名片，随时准备交换。如果交换名片时，总是跟别人说"对不起，我的名片忘记带了"或"不好意思，我的名片刚用完"，这是很牵强的理由。对方会认为你不重视他，或者是你的职业、身份等还不值得拥有自己的名片。

跟别人刚见面或告别时都是递送名片的好时机。此外，如果自己需要发表意见，在说话前将名片发给听众，可以帮助他们认识你或加深对你的印象。

送礼物答谢宴会主人时，可以在名片背后写上"感谢您安排的丰盛晚餐，这真是个愉快的夜晚"等文字，然后将名片和礼物一起送出。

日常赠送礼品时，可以在名片背后写上"希望您能喜欢"，然后将名片和礼物一起送出。

不恰当的时机

私人派对也好，商务餐宴也好，用餐的时候都不宜递送名片。这样的时刻，只适合从事社交，而非商业性的活动。

千万不要在一群陌生人中散发自己的名片，否则别人会以为你是推销员，想要推销什么东西。你的"身价"，无形中就会跌很多。因此，参加商务活动时，要有选择地提供名片，这样别人才不会认为你是在为公司做广告。

递送名片的次序

一般来说，地位低的人应当先向地位高的人递送名片，男士应先向女士递送名片。如果与多人交换名片，还应注意先后次序的问题。一般来说，应先将名片递给职位较高者或者年龄较大者。如果分不清职位的高低和年龄的大小，应先和自己左侧的人交换名片，然后按顺序进行。切忌挑三拣四，采用"跳跃式"，否则容易被人认为是厚此薄彼。

礼貌地递送名片

递送名片前，应先确认名片上印的是自己的名字，尤其是在集体交换名片的时候，不要换错了名片。除此之外，还需检查一下名片的正反两面是否都是干净的。

向别人递送名片的时候，应面带微笑，注视对方，双手递上，同时还可说些"请多指教""多多关照"之类的客气话。如果自己的姓名中有难念字或读法特殊的字,在递送名片时不妨加以说明,顺便还可将自己"推销"一番。

名片应正面朝上递送,最好以对方能顺着读出内容的方向递送。如果对方是少数民族人士或者外宾,最好将名片上印有对方认得的文字那一面朝向对方。

只用左手递送名片或者用食指和中指夹着名片给人,都是失礼的行为。此外,递送名片时,切勿用手指压住公司标志。

接收名片

对方首先递给你名片通常意味着要交换名片。此时应将对方的名片收好后,再双手呈上自己的名片,不可左右开弓,一来一往同时进行。如果自己没有名片或者没带名片,应首先道歉,再如实说明原因。

在接收他人递送过来的名片时,应立即起身或者欠身,面带微笑,用双手的拇指和食指接住名片的下方两角,并说"很荣幸得到您的名片""谢谢"等客气话。

接到名片后应立即阅读一遍,如有看不清的地方或者不认识的字应当面请教,还可有意识地重复一下对方的姓名和

职务，以示尊重。

阅读名片的内容后，应将其放进口袋、皮包、名片盒或名片簿内，以示尊重和珍视，切不可在手中摆弄或者随便乱丢，也不能将名片装进臀部后面的口袋。名片就像一个人的脸面，这样做是十分失礼的行为。

如果交换名片后，双方需要坐下来交谈，可将名片放到桌上最显眼的位置，十几分钟以后自然收起，但切忌用物品压住名片。

不宜当着对方的面在名片上做谈话记录。但是事后在整理名片夹的时候，可以在名片的背面记下认识对方的时间、场合、事由和其他在场人员等，以便记住对方。

在互换名片后24至48小时内，应与对方发短信或者通电话，以彰显自己的重视和加深对对方的印象。

● 名片存放

随身携带的名片应存放在容易拿出的地方，以便需要时能迅速取出。男士可将名片放置在西服内的口袋里或者公文包里，女士可将名片置于手袋内。如果在商务活动中，需要接受的名片很多，那么最好还是将自己的名片和他人的名片分开放置，以免出现混淆，误将他人名片当作自己的名片送递出去。这会是非常糟糕的事情。

对收集到的名片应分类加以整理，最好准备一个专门的名片收藏夹，不可将其随意夹在书刊或者文件中，可按地区、姓名拼音字母、部门、专业等进行分类，以便查找。

● 握手礼

握手除了可以作为见面、告辞与和解时的礼仪之外，还可以表达感谢、祝贺以及互相鼓励等情感。因此握手是国际通用的一种礼节，也是人们日常会面时最常用的礼仪。

握手礼的标准动作

握手时，应面带微笑，注视对方双眼，神态专注，口中可亲切地说声"您好""谢谢""欢迎"等礼貌用语。

伸手行握手礼时，四指并拢，拇指适当张开，再以手掌与对方的手掌相握。

握手的力度也要拿捏得当，以握紧而不捏痛对方为宜。如果握得太轻或者不握住对方的手掌而只是几根手指和对方的手碰一下，是失礼的行为；如果太用力握，也可能会被误解有示威和挑衅的意味。

握手时，双方的最佳距离应在1米左右，距离过大，显得一方冷落另一方；距离过小，手臂难以伸直，也不太雅观。

向别人伸手时，手肘不要太弯曲，否则会显得扭捏，应尽量将右手向前伸。伸出的手不宜抬得过高或者过低，太高显得轻佻，太低则不容易使对方注意到。

握手时间也不宜过长或过短，一般应控制在3至5秒之间。如果握手时间太短，有敷衍了事的感觉；如果握手的时间过长，尤其是和异性握手，则可能会被怀疑为居心不良。

几种特殊的握手方式

■ 平等式握手。右手掌垂直于地面，与对方右手相握，此种方式可表示双方地位平等。

■ 友善式握手。将自己的掌心向上与对方握手，这种握手方式可显示自己谦恭、谨慎的态度。

■ 控制式握手。将自己的手心向下与对方握手，这种握手方式让自己表现得高大，有凌驾于别人之上的态势，一般不应采用。

■ 双手迎握。即用双手握住对方的一只手，这种方式适合朋友间久别重逢时采用，体现亲热的态度。一般，当有事拜托对方时，也可采用这种握手姿势。但是如果对初次会面者使用这种握手方式，则有虚伪之嫌。

■ 拍肩式握手。即一手与对方的手相握，一手拍对方的肩部。此法一般在上级表示对下级的信任和关心时使用。

握手的次序

在正式的社交场合，谁先伸出手是礼仪规范的重点，一般来说应按以下顺序来做：职位高者向职位低者先伸手，女士先向男士伸手，已婚者先向未婚者伸手，长辈先向晚辈伸手，上级先向下级伸手，主人迎客时先向客人伸手，客人在告辞时应先向主人伸手。

握手禁忌

不要用左手与他人握手；不要在握手的时候争先恐后；不要与多人交叉握手；不要在握手的时候心不在焉，东张西望；不要在握手的时候，另一只手插在衣袋里；不要在握手的时候把对方的手推过来、拉过去；不要用脏手与他人相握；除非有眼疾，否则在握手的时候不能戴墨镜；握手时不要长篇大论、点头哈腰、滥用热情，显得过于虚假；女士的戒指如果戴在手套外，可不脱手套与他人握手，男士无论如何都不能在握手的时候戴手套；不要在与他人握手后，揩拭自己的手。

● 拥抱礼

在西方，尤其是在欧美国家，拥抱是极为常见的一种见面礼节和道别礼节。在对别人表示安慰、欣喜、祝贺、慰问的时候，拥抱礼也十分常见。

拥抱礼的标准动作

首先向前稍微伸出自己的左脚，使双脚保持一前一后的状态，并逐渐将重心移动到左脚上来。

各自抬起自己的右臂，将左手臂下垂。

右手搭在对方左肩后边，左手扶住对方右腰后侧。

双方先各自向对方右侧拥抱，然后再一次向对方右侧拥抱，最后再一次向各自的左侧拥抱，一共拥抱三次。在普通的场合无须如此讲究，拥抱一次、二次、三次都行。

不恰当的拥抱方式

忌在拥抱时搂住对方的腰部，通常这是恋人之间才能使用的动作。

将手臂搭在对方的肩上，也是不合规范的举动。

在拥抱时，一定首先要用自己的右脸颊与对方的脸相贴，如果弄错了方向，双方有可能碰头。

在行拥抱礼的时候，双方不要距离太远，拥抱时应能胸贴胸，否则容易造成翘臀。

在拥抱的时候抬起小腿也是不合礼仪的。

● 亲吻礼

拥抱礼和亲吻礼通常会同时使用，双方在会面时既拥抱又亲吻。在欧美的一些国家，男女相见行吻手礼也是较为常见的情况。

亲吻礼的标准动作

父母与子女之间行亲吻礼，宜亲额头。

兄弟姐妹以及平辈亲友之间行亲吻礼，宜贴面颊。

在公共场合，关系亲近的妇女之间亲脸，男女之间贴面颊。

一般来说，只有情人或者夫妻之间才能够亲吻嘴唇。

亲吻礼注意事项

行亲吻礼要求动作轻快，切勿过重或者过长，更不能发出声音来。

行亲吻礼的时候，要保证口腔的清洁、无异味，千万不要把唾沫弄到了对方的脸上、额上。

如果不是特殊关系或者特殊的场合，年轻者、地位低者不宜抢先施亲吻礼。

沟通礼仪

——让沟通更有效

人类借助语言和文字的沟通而彼此理解、相互合作，创造了文明而复杂的社会系统。在现代文明的社会，一个人单枪匹马越来越难以成功地完成任务，我们需要彼此的配合与理解，所以沟通也越来越重要。而真正懂得沟通的人，不仅要有一定的智慧，更需要遵守沟通的基本礼仪规范。

交谈礼仪

交谈是人与人之间进行沟通的最为常见的方式，也是人际交往的一个最重要的方式。而掌握交谈这门艺术，拥有不凡的谈吐智慧已然成为在现代社会立足的关键所在。毫无疑问，如果你是个一字一句均透着魅力的人，你将会吸引更多的人，结识更多的朋友，拥有更多的机会。

● **交谈的一般礼仪**

在与人交谈的时候，我们要表现得彬彬有礼、落落大方、不卑不亢，这样才能更为有效地沟通和传递信息。

交谈的基本要求

语调平和

中国有句成语叫作"理直气壮"，其实在大多数交际场合即便"理直"也无须"气壮"，在与人说话的时候不妨让自己声音低一点，速度慢一点。声音低一点

可以防止打扰旁人，速度慢一点可以让交谈者更容易听清楚你在说什么。务必要注意的一点是：无论在什么时候，高声喧哗都是没有修养的表现。

表达清楚明白

谈话的基本功能是进行信息的交流，所以你至少要让对方知道你在说什么。为此要注意以下两点：

选择让对方能够听得懂的语种。在国内，正式的场合最好说普通话，对方一般都能够听懂；若与外宾交谈，最好能说外宾所在国的语言，否则也应该是双方都精通的一种语言。

尽量不要使用专业词汇。如果你只是想在谈话中炫耀自己的专业水平，可以多用些专业词汇，但是对方会认定你是一个装腔作势的家伙。所以，除非是在专业的场合，否则一定要尽量使自己的语言通俗易懂。

有效交谈的技巧

礼让对方

当别人说话的时候，不要争抢，一般来说，晚辈要让长辈先说，下级要让上级先说，男士要让女士先说。让对方先说并不意味着自己失去了说话的机会，而是一种礼貌的体现。

不没完没了

有一些人说话总像是在开记者招待会一样，不管是不是别人愿意听的，只管自顾自地一直说。别人出于礼貌的考虑，只能在那里支支吾吾地敷衍，备感煎熬。因此，为了解除别人的痛苦，在发现对方没有兴趣的时候，应尽快结束话题，或者换一个对方感兴趣的话题。此外，经历丰富的人一般都知道"言多必失"的道理，因此少说话、说重要的话才是正确的谈话技巧。

尽量肯定对方观点

在与别人谈话的时候，要处处考虑尊重别人的自尊。尽量肯定对方的观点，因为每个人都希望被别人认同。如果觉得对方的意见不对，也不宜生硬地否定，比如"我觉得你的意见是错的"，这会让对方感觉下不来台，可以用委婉的语气先说观点中某些合理的成分，然后再说一下自己的观点，比如"你说的也有一定的道理，但是我从另一个角度来看……"这样既给了对方面子，也使自己显得通情达理。

交谈禁忌

谈话的目的在于信息的交流，而不是为了显示自己的优越感。倘不注意这一点，做出以下种种事情来，只会满足自己一时的快感，却可能让自己失去一个朋友。

得理不饶人

不知不觉地将谈话演变成了一场辩论，这是最糟糕的情形了。针锋相对、咄咄逼人，往往只能屈人而不能服人。即便是因为你更好胜、你的嗓门更大而赢得了无关紧要的辩论，也只是能获得表演胜利的满足感，对方却可能耿耿于怀，对你敬而远之了。如此算来，真是得不偿失。因此，如果谈话形成了辩论的态势，应尽量避开锋芒，或者在交谈中求同存异，不要一味想着把自己的观点强加于人。

没完没了地诉苦

心里有委屈、痛苦、烦恼和失落，可以找一个知心的朋友倾诉，但是要有度。像"祥林嫂"一样没完没了诉说自己的悲惨遭遇，终究只会成为别人的笑话。

宣扬别人的隐私

听到别人的秘密，总有向其他人宣扬的冲动。然而如果你真的这样做了，伤害的是向你透露秘密的朋友的心，甚至会引起他的怨恨。

训斥别人

就算你在某一方面强过别人很多，也不要讽刺别人的幼稚。如果对方和你的地位是平等的，你的不屑或者训斥的口吻常会激起对方猛烈的反击，最终不欢而散。

礼貌用语

在日常生活中注意对礼貌用语的使用，这有利于创造和谐、融洽的人际关系，为生活增添美的色彩。使用礼貌用语看似简单，实则也有许多细节上的问题需要注意，处理好每个细节才能让一个人看起来礼貌、文雅而有修养，也能体现对别人最起码的尊重。

问候

与朋友见面时，送上几句贴心的问候，不但让人觉得温暖，自己也会感到舒畅。在使用问候语的时候，以下几点需要注意：

问候初次见面的人，标准的说法是"您好！很高兴认识您"、"见到您很高兴"等；如果要文雅一些，也可以说"久仰"、"幸会"等；如果想让彼此更放松一些，也可以用随便一些的问候语，如"早听说过您的大名"、"某某常向我提起您"等。

和熟人见面，不妨使用亲切一些的问候语。如"好久不见了，身体还好吧？"、"家人都还好吧？"、"今天气色不错啊"等。

在正式的社交场合，问候语宜化繁就简，但也不要给人敷衍了事般的感觉，应带有友好之意，让人感觉受到了尊重。一般可用"您好"、"忙吗"等问候语。

在街上遇到熟人的时候，是否上前问候要见机行事。如果当时的情景不合适打搅对方，比如，在看到对方独自悲伤的时候，看到自己公司的两个人在谈恋爱的时候，选择悄悄地离开也是一种关怀。

> 感谢

向对方表示感谢应表现得真心实意，而且要让对方真切地体会到这一点。说话的时候，要口齿清晰，微笑着注视对方的眼睛，必要时还可握手致意。在礼貌用语方面，可注意以下几点：

正式地向对方表示感谢，应在感谢语之前加上被感谢者的称呼，如"邢总，谢谢您了"。

事后向别人表示感谢，应提一下感谢的事由，比如"刘小姐，感谢您上次的款待"等，以免对方因不知你感谢的原因而不好回应。

在得到别人真诚的夸奖的时候，宜大方坦然地道声"谢谢"，而不是羞涩谦虚地说"哪里哪里"、"不怎么地"等，不仅透露着自己的心虚，也让对方感到索然无趣。

获赠礼品的时候，应立即向对方表示感谢，可说"让您费心了"、"我非常喜欢您的礼物"等；在获得别人帮助的时候，可说"麻烦您了"、"感谢您的帮助"等。

> 道歉

在打搅对方或者因为自己的原因使对方感到困扰时，应尽快向对方表示歉意，并尽可能地消除对方的不满。此时，在礼貌用语上要注意以下几点：

道歉应及时，一旦发现自己有错，马上向对方表示"对不起"，以尽快消除对方心中的芥蒂。

道歉应当堂堂正正、大大方方，不要遮遮掩掩，亦不必过分地贬低自己。

如果有些道歉的话难以启齿，不妨写在信纸上给对方寄过去，或者送去一束鲜花委婉地表示歉意，一般来说，这些方式会有极好的效果。

祝贺

当别人在学习或者工作上取得一定进展，或者生活上有可喜可贺之事发生的时候，宜用热烈且富有感情色彩的吉祥话向对方表示祝贺，以给对方喜悦的心情锦上添花。在礼貌用语的使用方面要注意以下几点：

祝贺别人开业的时候，可说"生意兴隆"、"财源广进"等词语。

祝贺别人生日的时候，可说"生日快乐"，至于"寿比南山"之类的吉祥话，只适合对老年人说，而不适合对青年或者少儿说。

对新婚夫妻，宜说"天长地久"、"比翼双飞"、"白头偕老"等词语。

道别

在人际交往中，告别是个比较重要的时刻，如果在告别的时候能给人留下美好而深刻的印象，对友情的巩固和进一步的发展大有益处。告别时使用礼貌用语需要注意以下几点：

客人向主人告别时，应说"请留步"、"后会有期"、"就此告辞"等；主人应以"慢走"、"走好"回应，如果客人要走很远的路程，还可说"一路顺风"、"多多保重"等语。

常有来往的人之间告别，主人可说"有空常来"、"再来喝茶"等，以显得亲切不见外。

● 提高话语说服力

许多人明显地感觉到自己的话语没有说服力，或者没有足够的说服力，难以对别人形成实质上的影响，这让自己的话无足轻重，使沟通毫无效果。其实，说服别人不仅需要有好的口才，更是一种微妙的心理互动。在说话的时候，根据当时的具体情况，采用一些小技巧，潜移默化地给对方造成某种心理暗示，常能取得事半功倍的效果。

寻求"居家优势"

心理学研究发现，人在熟悉的环境中常会产生一种心理上的优势，从而底气更足，更容易怀疑甚至是否定对方的观点。相反在自己的不

熟悉的地方，则更容易接受对方的观点。因此，要提高自己话语的说服力，沟通地点的选择绝不是微不足道的。如果条件允许，最好在自己家中或者办公室里讨论事情，否则也要尽量争取在中性环境，如咖啡馆、茶吧等地方进行，这样至少对方也不会有"居家优势"，从而使双方在心理上处于同等的地位。

寻求共性

有心理研究者发现，如果沟通双方在某一方面存在共性，那么沟通更容易取得效果。因为，一方会在潜意识里把对方当作"自己人"，对他的选择给予充分的信任。因此，如果想提高话语的说服力，首先要找到自己与沟通对象之间的共同点，这个共同点可以是共同的爱好、共同或者类似的生活经历等，以使对方将你当作"自己人"，自然而然地赞同你的意见。

借用先例或名言

在发言中为提高自己某项观点的说服力，最方便的方法就是引用先例来佐证。既然这个观点已然被确实发生过的事情所证实，那么显然它是正确的。同样，名人名言，尤其是知名度较高的名人的名言，通常也具有"铁证"的作用，让对方无力或者没有足够的勇气反驳。需要注意的是，只引用名言就可以了，至于名言的背景就无须进行解释了。

运用数据

数据给人以确凿、冷冰冰的感觉，在发言的时候不宜抛出大量的数据，这不仅会让其他人感到味同嚼蜡，也会让人感觉你就像是不通人情的机器一样。但是在双方争执激烈的时候，你出其不意地报出一串确凿的数据，会给对方以强大的震慑力，从而极大地改善争论的局面。

● **拒绝的艺术**

与人相处要有勇气说"不"。倘若因担心伤了对方的自尊心，或者怕伤了彼此的和气而一味地唯唯诺诺，不仅客观上耽误了别人的时间，主观上也给自己带来了许多不必要的麻烦。拒绝有时并不代表粗鲁或推卸责任，如果能在拒绝的时候适当运用一些技巧，则更容易被人谅解和接受。

得体的拒绝方式

坦诚相告

别人提出某些自己无法满足的要求时，应及时且明确地将你自己的难处告诉对方，以征得对方的理解和谅解。如果对方相信你是真诚的，那么他一定能够理解你的苦衷，也不会过多地责怪于你。

公示自己的原则

如果对方的要求违背了你一贯的处事原则，不妨将你的原则公示出来，说明自己拒绝的根本原因。只要讲明了道理，对方会记住你的原则，而且不会再次出现这样的

事情了。

在当选总统之前，罗斯福曾在海军中担任要职。一次，一位朋友向罗斯福打听海军在加勒比海的一个小岛上建立潜艇基地的计划。这个时候，如果罗斯福摆出一副公事公办的态度，果断地拒绝透露消息，朋友显然会心存芥蒂。罗斯福灵机一动，向四周看了看，然后压低声音问："你能保守秘密吗？"朋友毫不犹豫地回答："当然能！"罗斯福微笑着说："那么，我也能。"

请他人转告

有些事、有些人，实在难以当面拒绝，或者感觉由自己来说不太妥当，不妨请第三者来代劳。这样彼此之间有一个缓冲，不至于让交情进一步恶化下去。

借助纸笔

生活中总有一些比较敏感的问题，比如对方的求爱等，当面拒绝实在难为情，请求他人转告也不妥当。最佳的方法就是用书信来表意了，不仅可以表明自己的意思，还可避免对方受到更大的伤害。

拒绝的注意事项

拒绝别人应是在自己无能为力或者自己预期付出的代价过大的情况下，做出的一种无奈的选择，并非故意为之，因此也可坦然地请求对方的谅解。为了让拒绝对彼此之间关系的负面影响降到最低，以下几点注意事项还需留意。

尊重对方

初次与对方见面的时候,过于尊敬能使彼此之间产生一定的距离,即产生一种"可敬而不可近"的效果,让对方不能提出过分的要求。当然,用敬语来拉大距离以达到拒绝效果的方法只适用于交往不深者。

多为对方考虑

拒绝对方并不意味着对对方的事情漠不关心。虽然自己无能为力,却可以为对方推荐几种解决问题的方法。这样不仅使对方获得心理上的补偿,不至于因为遭到你的拒绝而灰心丧气,同时也会令他感受到你的诚意,理解你的苦衷。

联络礼仪

科技的发展让人与人之间的距离更近，电话、手机、电子邮件等成为人们日常生活中必不可少的通信工具。人们在使用这些通信工具时，彼此看不见对方，但这并不能成为礼仪缺失的借口。反之，无礼的言行会因双方相对隐形而在对方的意识里放大，给对方留下更坏的印象。

● **固定电话**

电话沟通，是现代商务活动中极其普遍的沟通方式。人们每天都需要通过电话来商谈、询问、通知、解决各种事务；每天都需要通过电话联络很多人，有相识之人，也有素未谋面或见面甚少之人。同样是接打电话，有些人会让人感觉很舒服，而有些人则让人觉得不愉快。这说明打电话是有学问的，需要注意一定的礼仪。假如犯了"电话禁忌"，给别人留下不好的印象，那么无形中就损害了自己的人际关系。

接打电话的一般礼仪

接打电话时，由于姿态、笑容、动作、表情等对方完全看不见，因此你的善意、友好、专业等素养都需要依靠语言和声调来表达。打电话时，声调柔和、口齿清晰，能够亲切、温暖、准确地叙述出所要商谈之事的人，最容易让对方产生好感，让人有和他继续聊下去的愿望。有些人接打电话时，语言机械、单调、粗声粗气让人听起来很不舒服，导致对方三言两语就收线了。

除此之外，接打电话时，嘴要正对话筒，嘴唇离开话筒大约半寸是最好的距离；语速应慢，必要时将重要的话重复两次；交代时间、地点、数目时一定要仔细，最好再确认一遍对方听到的是否准确。

打电话的具体礼仪

选择好时机

有些人打电话时往往不考虑对方是否方便，或在清晨或在深夜就随便给人打电话。如果此时谈的事情并非"紧急要务"，那是会让对方十分不满的。倘若对方被你从睡梦中惊醒，则很有可能出现愤怒之情，这种情况下谈事情的效果肯定不理想。

一般来说，每日上午7点之前、晚上10点之后以及午餐、午休的时间不要给人打公务电话，以免影响他人休息。而普通人在刚上班的时候通常会比较繁忙，临近下班时又会归心似箭、无心工作，因此打电话最好也避开这些敏感的时段。

节假日期间如非事务紧急，也最好不要给他人打公务电话，以免占用他人私人时间。而给海外人士打电话时，应当先要了解一下时差，否则就可能打扰对方。

此外，如果你很熟悉对方的时间安排，那么你打电话的时间最好避开对方业务繁忙时段。

事先做好准备

某些人打电话之前没有做好充分准备，总是临到电话接通时才现想现说，以致缺少条理、丢三落四，造成对方不悦。如果是商业交谈或政务交谈，则很容易造成重大失误。因此，打电话之前应该把对方的姓名、通话要点等通话内容列出一张"清单"。通话时照单"叙述"，不但不容易出错，而且还能为自己节省时间，给对方留下自己办事干练、训练有素的良好印象。

选择安静的环境

有些人不注意打电话的环境，在嘈杂的环境中给别人打电话。对方只能在电话里听到一片吵闹声，根本听不清打电话的人说些什么。所以，打电话时最好找一个安静的环境，如果实在没办法，看看有没有替代的方法可用，比如发短信、E-mail、传真什么的。

速战速决

不少人拿起电话就开始说个不停，不管对方是否愿意听。每个人的时间都很宝贵，不停地煲"电话粥"，只会让人厌烦而不利于沟通和洽谈业务，更有可能因为耽误了对方的重要工作而使其愤怒。一般来说，普通公务电话的通话时间最好控制在3分钟内，如果真的需要叙述很多内容时，不妨约对方面谈。

学会留言

打电话给对方时，如果对方不在，应当给其留个口信。留言时应慢慢说，清楚地留下自己姓名、电话。如果是公事，则还需要留下公司及部门名称，以及有何事，以便对方能充分准备后再给你回电话。

一旦你留了口信，对方便有责任回复你。如果对方回复你的时候你又不在，他（她）当然也会给你留个口信，此时就该你回复他（她）了。

接电话具体礼仪

掌握时机

电话来了，不少人在铃声刚响时就忙拿起话筒接听，但是感觉电话噪音很大，听音不清楚。原因在于，电话铃响时，电话外线有80V的振铃电压经过话机，这时拿起话筒，这个80V的振铃电流就会通过听筒，使听筒失常，严重时还有可能造成整个单位的通话故障。

还有些人会在电话响了很久之后才拿起话筒，这会使打电话的一方心中不悦，感觉受到了忽视或者接电话之人工作不专心。这些都有可能会影响个人业务的开拓和公司的发展。

接电话的正确做法是在电话铃响三声左右时接听。一项调查数据表明，世界上的许多成功人士都谙熟此道。

把握好让对方等候的时间

对方在电话里询问一些业务，你如果需要查看一些资料才能给对方准确的答复，那么不妨让对方"稍等片刻"。一般对方会问："大概需要多长时间？"假如你认为要5分钟，你就不能回答3分钟或2分钟，而应该说"大约需要5到10分钟"。大部分的人认为时间说得越短，对方会越满意。实际上如果在约好的时间内没有回答反而会更失礼。相反本来预定5至10分钟，却在5分钟内完成，对方会觉得你很高效和重视这件事。

倾听电话要耐心

不管是哪一类公司都有可能会接到顾客的抱怨电话。如果因为公司的错误，给对方造成困扰时，就算错误发生在与自己无关的部门，也应该诚心诚意地道歉。而且，此时最重要的一件事，就是要耐心地听对方的意见。如果因为不耐烦而说"请找某某部门"，这种行为是很失礼的，并且极有可能因此而失去一批长期顾客。

做好电话记录

很多人电话来了，只顾忙着听对方说话，却忽视做电话记录。除非事情不重要，或者是个人小事，如果是业务上的事情，忽视了电话记录，往往会给公司和单位带来一定的损失。人的记忆毕竟有限，再加上又是在接听中，记忆力往往不是很好，电话记录就必不可少。所以，平时就要准备好笔和记事本，养成边接听电话边记录的好习惯，这会使你受益无穷。

特殊场景巧妙应对

接听电话时可能会出现一些特殊状况，比如为老板过滤电话、对方要找的人不在，等等，此时如果应对不当不仅会惹恼对方，甚至还可能惹怒老板和同事，让自己的形象大打折扣。

为老板过滤电话。接到找老板的电话，如果老板此时就在你身边，你可以大声一点回答："某某先生，你找我们老板是吗？"老板听到后会迅速做出反应，要是愿意接听，你就可以跟对方说"请稍等"；要是老板不愿意接听，你就可以说"对不起，他刚走开"。如果对方没有报上姓名或者老板不在身边，最好还是先告知对方"老板不在"，然后问清对方身份和有何贵干，禀明老板后再回其电话。当然，如果是老板的旧友或者是最近往来频繁的客户，那就又另当别论了。

同事不在。倘若有人打电话来找你的同事，而此人刚好去了洗手间，这时如果你在电话里如实相告是不恰当的。你可以含糊地说"他出去了"或者"他这会儿不在"。倘若这位同事已经被解雇，那么你最好也不要告知对方实情，如果对方是其他公司人力资源部的人，那么你的一句"实话"很有可能让你的同事丧失一次就业的机会。如果此位同事正巧在被老板训话，那么你就更不能说实话了。如果对方是这位同事的客户，则有可能让这位同事失去一个客户，更有可能造成公司的损失。

接到打错电话。这种情形经常会发生，而最好的回答是"您好像打错电话了"。一定要语气柔和，以避免给对方留下不愉快的印象。一般人在电话中听到与自己无关的事时，语气都会不知不觉地变得很生硬，这点必须注意。

接到不想听的电话。接到陌生人的推销电话时可说："对不起，我正在开会。"接到熟人的闲聊电话时可说："对不起，我现在有事要处理，回头再好好聊。"接到一时难以应答的电话时可说："这件事我去查一下资料（和老板商量一下），再给您回复好吗？"

挂电话具体礼仪

不少人接听完电话马上就挂断，实际上这种做法是很不礼貌的。一般来说，如果是和领导或长辈通话，按照基本礼仪，应让他们先挂电话；如果是和同事或朋友通话，通常是谁打来的谁先挂。

● 手机

当代社会，手机已逐渐成为人们片刻也不可缺少的工具了，然而在日常生活中随意地使用手机已经成了礼仪的一大威胁。为了能够享受手机的便利，又不至于在公共场合让自己的形象失分，遵循"手机礼仪"成为唯一的选择。

手机的收放

在一切公共场合，手机在没有使用的时候都应该放在适当的位置。总的来说这个位置既要方便手机的拿取，又不要成为别人视觉的焦点。

手机最常规的存放位置应该是随身携带的公文包，最好不要放在上衣口袋里，以免影响衣服的整体外观；把手机挂在脖子上、腰上或者握在手里均是不雅观的；在参加会议的时候，宜将手机暂时交给会务人员保管，而不宜放在桌子上；在和别人坐在一起交谈的时候，应将手机放在桌边等不起眼的位置。

注意手机使用场合

手机让人几乎在任何地点都能和外界取得联系，同样也可以让你几乎无处可遁。但是生活中有许多场合是不能使用手机的，在这些场合最好让手机沉默。

■ 在看电影或者看戏的时候，打手机是极其没有公德的一种表现。如果不能关机，至少也应该把手机调成振动，采用静音的方式发送短消息是可以接受的。

非常抱歉，那件事我可能帮不上忙了！

■ 在较为正式的用餐场合，把手机调成振动或者关机是必要的。如果用餐中接到电话，应说一声"对不起"，然后离席接听。如果当着客人的面打电话，常会让别人不知所措。

■ 开会或者和别人商谈事情的时候，最好把手机关掉，至少也应该调成振动，这既是对别人的一种尊重，也不会因为手机的突然响起而打断了别人的思路。

■ 最好不要在马路上边走边打手机，如果确实有急事，也应该找一个安静人少的地方。

注意手机的使用安全

使用手机交流时所制造的电磁波在某些情况下会成为致命的杀手，给你或者别人带来严重的安全威胁，因此使用手机还需注意安全问题。

身处加油站、面粉厂、油库等处的时候，要避免使用手机，因为手机所发出的电磁波可能引起爆炸和火灾，从而给人造成伤害。

尽量不要在病房内使用手机，以免手机的信号干扰医疗仪器，妨碍对病人的治疗。

在飞机的飞行期间禁止使用手机，否则会干扰仪器，甚至导致飞机失事等严重后果。

在驾车的时候最好不要拨打手机或者查看手机短信，以防出现交通事故，给自己和他人带来困扰。

收发短信礼仪

收发短信是手机的另外一项重要的功能，与接打电话一样，它也有一些礼仪规范需要遵守。

手机短信署名既是对对方的一种尊重，也是达到目的的一种手段。如果给对方发送祝福的短信，对方不知道你是谁，那么这条短信相当于白发；如果是重要事情，不署名则更会误事。

在给身份高或者重要的人物打电话的时候，可先用短信预约，以免打搅了对方。如"有事商量，是否方便给您电话？"如果对方迟迟未回消息，则说明对方可能很忙，应等较久的时间之后再拨打电话。

如果事先与对方约好了参加某个会议或者活动，则在会议或者活动举行之前再用短信提醒一下对方。在这种情况下，发短信往往比打电话更适宜，因为打电话总有不信任对方的意味，而措辞委婉的短信常能起到更好的效果。

你所发送的手机短信的内容应该是你赞同或者不否认的，这条短信也能够反映你的品位和水准，所以不要随便转发内容不健康的短信。

逢年过节，大家都会给熟悉的人发送一条祝福的短信。"来而不往非礼也"，别人接到你的短信，通常会及时给你回复。对于这条回复的短信，你大可不必再回复。因为祝福的短信一来一回足矣，二来二回已经显得啰唆，三来三回就是繁文缛节了。

在上班的时间，一定不要没完没了地给别人发短信，以免影响了别人的工作。

其他应该注意的问题

如果你是一个已经步入职场的成年人，那么你的手机铃声应该是正常的。虽然奇怪的铃声会让你看起来更有个性，但丝毫不会让你显得更成熟，对你的商务形象也有害无益。

许多人的手机具有拍照的功能，但是对于这个"先进"的功能你最好不要滥用。有一些人是不喜欢出镜的，肆无忌惮地狂拍，只会让对方感到不快。

网络通信工具

随着网络日益深入人们生活，网络通信也逐渐成为人们日常交往的重要通信手段。网络通信手段主要有两种，一种是E-mail（电子邮件），一种是即时聊天工具。这两种方式与传统的通信方式相比更节省时间和通信费用，也更为随意。但也正是因为随意而容易违背礼仪规范而不自知，给别人造成困扰。那么网络通信礼仪主要包括哪些方面呢？

E-mail的礼仪

商界人士用电子邮件对外进行联络的时候，应遵守的礼仪规范主要包括以下几个方面：

认真撰写邮件

每一封电子邮件都应该有一个归纳得当的主题，以便让收信人一看就知道邮件的大体内容。

电子邮件的内容要便于阅读，文字流畅，尽量避免使用生僻字。在引用数据或者其他资料的时候最好注明出处，以方便收信人核对。

邮件中最好不要有特殊文字符号，因为电脑的机型不同，可能会变成乱码。

附件礼仪

如果给别人发送附件，则要考虑对方能否阅读该文件。妥善的做法是：先发一封邮件询问对方是否能够阅读××格式的电子邮件，如果对方表示能够阅读，再发送附件不迟。这样会让人觉得你很细心，还会让人感觉这个附件很重要。

除非对方确实有需要，否则不要给别人发送过大的附件，以免耽误别人的时间。

及时回复别人的邮件

电子邮件是讲究速度、即时传达信息的方法，因此基本上当天收到的信件当天就应当回复。哪怕只是"知悉"、"明白了"等寥寥数字，也会让对方放心。细微之处的体贴，可以加深彼此的信任。

即时聊天工具礼仪

即时聊天是指通过特定软件来和网络上的其他人就某些共同感兴趣的话题进行讨论，常用的即时聊天工具有QQ、MSN、POPO、UC等。在使用这些聊天工具时也要注意一些礼仪，不要给聊天的对方带来困扰。

提高安全意识，防止自己的电脑中毒自动发消息干扰他人。

如果别人设置了"忙碌"状态，就不要和他闲聊。同理，如果自己很忙，不妨设置一个"忙碌"的状态，这样别人就不会来打搅你。

如果给对方发送网址，应先说明网址的内容，这是尊重对方的一种表现。

保留聊天记录，不要就一个问题反复地询问对方。

餐饮礼仪

——优雅、从容、不失礼

在餐桌上，礼仪是衡量一个人文明程度的准绳。它不仅可以反映一个人的气质风度、阅历见识、道德情操、精神风貌，还可以体现一个人的交际技巧和应变能力。可见，学习和运用餐饮礼仪有助于提高一个人的修养，有助于重塑一个人的形象，对人际关系亦可以起到润滑剂和调节器的作用。

中餐礼仪

说到中餐，很多人一定会觉得自己熟悉备至，除了每天要吃不说，兴之所至还能做出几道拿手好菜。然而，如果说到中餐礼仪，恐怕多数人都知之甚少了。在正式的用餐场合，按照地道讲究的中餐礼仪用餐，会让人更有风度。

● 中餐桌次与位次

中餐宴会往往使用多个圆桌。这些圆桌摆放位置不同显示尊卑有别，而一张圆桌的不同座次也有主次之分。记住分辨座位尊卑的原则，确保不在中餐宴席中坐错位置，这点很重要。

辨别主桌

参加中餐宴会，可能有一两张桌子是属于主家的，客人不可贸然入座。如不清楚自己该坐在哪里，可请邀请方引导你入座。一般来说，中餐餐桌的摆放根据其规模的不同，可分为两种情况：

■ 由两张桌子组成的小型宴请。这种小型的宴请，桌子的排列方式只有两种可能，一种是横排，一种是竖排。当两张桌子横排时，面对正门右面的桌子是主桌;当两张桌子竖排时,离正门最远的那张桌子是主桌。

■ 三张或者三张以上数量桌子组成的宴请。主桌位置是所有桌次中最为尊贵的,安排主桌除了要遵循"面门定位""以右为尊""以远为上"等规则外,还要兼顾其他各桌与主桌的远近。一般来说,距离主桌越近的餐桌越尊贵。当然,也有一些餐厅设计的主桌比其他餐桌要大一些,这样就方便宾客辨别主桌。

座次安排

中餐宴会上,每张餐桌上的具体位次也有主次尊卑之分。其排列位次的基本方法包括以下几点:

主人应在主桌就座，面向正门。

举行多桌宴会时，每一张餐桌上都会有一位主桌主人的代表在座。这个代表的位置一般和主桌主人同向，有时候也可以面向主桌主人。

各个桌次上具体位次的尊卑关系，应以距离主人的距离远近来定，一般来说，距离主人越近的位置越尊贵。

与主人位置距离相等的位次，其尊卑关系以本桌主人的面向为准，主人座位右边的位置比较尊贵。

如果宾客之中有身份高于主人者，为表示尊敬，可请该宾客在主人位置上就座，主人则应坐在主宾的位置上。

● **中餐餐具使用**

中餐常用的餐具有：筷子、碗、盘、碟、勺子等，这些餐具的摆放和使用都有一定的规矩。掌握规矩，餐具才能成为你用餐的好帮手，否则它们就是你用餐的添乱者。

筷子

中餐的主要进餐工具就是筷子。因此握筷姿势正确非常重要。在进餐的过程中，如果需要使用其他餐具，应先将筷子轻轻放下，最好不要弄出声音来。除此之外，筷子的使用还要注意避免以下几点：

■ 迷筷。手拿筷子停在空中，不知道该去夹哪道菜。

■ 架筷。不用筷子的时候，避免架在碗碟上，而应该把筷子放在专门的筷架上。

■ 探筷。用筷子在菜盘里不断地翻找。

- 插筷。把筷子插在食物上面也是不合礼仪的。

- 敲筷。用筷子敲碗或者盘子的边缘，制造令人心烦的噪音。

- 塞筷。一次性夹过多的菜肴塞进嘴里，这种行为显得非常狼狈。

- 空筷。筷子夹起了食物，但是不吃又放了回去。

- 舔筷。无论筷子上是否有食物，用舌头去舔筷子都是十分不雅的行为。

- 磨筷。拿两支筷子，不断磨筷子尖。

- 转筷。不断用筷子在汤碗中搅拌。

- 寄筷。用筷子把碗移到自己的身边。

- 指筷。与人交谈的时候，一边口若悬河，一边拿着筷子在空中挥舞，甚至用筷子对别人指指点点。这是很不礼貌的行为。

- 滴筷。在夹汤汁比较多的菜肴时，把附着在筷子上的汤汁用力甩掉。

勺子

勺子也是中餐常用的餐具，其作用是舀起食物或者菜肴，与筷子一样，它也有许多使用礼仪。

- 手持勺子的标准姿势是：食指在上，按住勺子的柄；拇指和中指在下支撑。反之，拇指在上按住勺子的柄，食指和中指在下支撑，是不正确的姿势，但当前依然有很多人使用这样的姿势。

- 尽量不要单用勺子取菜，用筷子取菜的时候可以用勺子辅助。

- 用勺子舀取食物时，可以暂停片刻，确定食物的汤汁不会往下流时，再慢慢移回来享用。

■ 用勺子取汤的时候，注意不要一下子盛得太满，以免汤汁溢出来弄脏了餐桌或者自己的衣服。此外，取完汤后应立即食用，如果暂不食用也应放进自己的碗里，不可又送回原处；汤太烫时，不可用勺子在汤盘中舀来舀去，也不可用嘴对着勺子里的汤吹气，可将汤先放进碗里，等它凉了以后再喝。

■ 使用勺子的时候，不要让其与碗、盘的边缘碰撞发出声音来。

■ 暂时不用勺子时，可以把勺子放在自己面前的盘子里，不可直接放在餐桌上或者插在食物中。

■ 吃勺子里的东西时，不要把整个勺子塞进嘴里，吃完后也不要反复吮吸、舔舐勺子，这些都是非常不雅观的动作。

食碟和碗

食碟的作用是暂时存放从公共菜盘里取出的菜肴，而碗的作用是存放主食和汤羹。它们的使用礼仪包括以下几点：

一次不宜取过多的食物放在食碟里，应吃完后再取；食物的残渣以及骨头、鱼刺等不宜直接吐在地上或者桌子上，而应轻轻地用筷子夹到食碟边上。如果食碟放满了可以换一个。

不宜双手把碗端起来进食；不能向碗里乱扔废弃物；不宜将碗倒扣在桌子上。

● 中餐用餐礼仪

俗话说"吃有吃相",所谓"吃相"就是一个人在用餐时的举止,也就是用餐时的礼仪。倘是独自就餐自然不必在乎什么用餐礼仪;如果是在餐馆酒店或者大庭广众之下就餐,则要稍稍做出一些优雅的吃相来。

菜式取用礼仪

取菜

一大盘或者一大碗菜由一桌的人依序自取,这是吃中餐的一大特色。而汤类或者整只鸡等不易自取的菜肴,有时会需要服务生帮忙分菜。但大多数时候,还是需要自己取用。在取菜的时候需要注意以下礼仪:

■ 为了表示对主宾或者长者的尊重,菜肴一上桌,一般应由主宾或者长者率先取用。不管是哪一道菜,如果主宾或者长者尚未动手,其他人不得取食。因此,主宾或长者在菜上桌时不必客套,最好立即取用,以方便他人取菜。而其他人取菜时,也无须客气、推拒。

■ 需要使用公用餐具取用的菜,可先用公用餐具将菜肴取到自己食碟中,然后再用自己的筷子慢慢食用。类似马铃薯泥的食物,你只要用大碗里的汤匙取出一小团,放在自己的盘子里,再把汤匙放回大碗就可以了。假如大盘中装的是佐以配料烹制的肉片,可左手拿起公用汤匙,右手拿个人筷子拈菜,放进自己碗里,然后再取大盘中的配料。大盘中如有装饰用的材料,最好不要取用。

■ 使用公用餐具取菜时要注意，餐具应保持干净、依序放好，让随后取菜的人方便使用。假如弄脏了公用餐具，应当让服务生换一个新的或用餐巾将其擦干净再放回。

■ 如果遇到邻座夹菜，要进行避让，以防筷子打架。如果有女士在座，紧靠女士的男士有义务帮女士取菜。

劝菜

相互礼让是中餐餐饮文化的重要组成部分，古语有云"食而不让，则近于禽兽"，起初只是语言上的礼让，一迭声地"请请请"，劝人多吃东西；而后为表现真的热情，动手让起来，直接把各色美味佳肴夹到别人碟子或饭碗里。只是，劝菜也要有度，热情过度往往适得其反，因此在对别人劝菜的时候需要注意以下几点：

■ 在餐桌上，主人向客人介绍菜肴的特点，并反复向客人劝菜，可体现主人的热情。客人出于礼节的需要，宜对主人表示感谢，并根据自己的胃口适量享用。

■ 主人用公筷为宾客夹菜，可看作是主人热情好客的表示，但是如果用自己的私筷为宾客夹菜，则有些不妥。

■ 主人在劝菜的时候也应考虑到宾客的口味，主人所认定的好菜对于客人来说未必如此。所以，主人如果不顾客人的婉拒，执意将菜肴硬塞给他吃，与其说是有礼貌，不如说是让人难堪。

拒菜

如果碰到不喜欢吃或不能吃的菜，并不是敬而远之就可以解决的。

对于桌上的菜，尤其是主菜，你如果一口都不吃，恐怕包括主人、其他客人、服务生乃至厨师都会感到不悦。那么如何拒菜，才能将不好的影响降到最低呢？

如果是本人不能吃或者不爱吃的菜，主人劝菜的时候不好拒绝时，可取少量放在食碟或盘子内，并对主人表示感谢。之后，就算这些菜没有吃，也不会太醒目。

如果是服务生分菜，可向服务生暗示自己不吃，这样服务生自然会过渡到下一位客人身边。如果故意把自己盘中的菜肴搅乱，弄出已经吃过的假象来，则是没有礼貌的。

如果是在别人的家里就餐，遇到自己不喜欢吃的菜，在主人劝菜的时候也可以说："我吃了一点点，因为不饿，所以吃不下。"千万不要说"我不喜欢吃这种菜"之类的话，因为主人总是希望自己的招待能得到客人的肯定。

如果是因为自身体质或者宗教的理由而不能吃某一种菜肴，不妨直接告诉主人，这种理由任何人都能够理解。

5种不雅吃相

用餐的时候，最忌讳吃相不雅，这样不仅自己有失体面，也会影响到别人的胃口，使大家感到扫兴。以下是几种常见的不雅吃相，在用餐的时候要竭力避免，以免出丑。

■ 吃到嘴里的食物又吐了出来。吃到太烫的食物，不妨迅速地喝一大口凉水，把食物冷却一下，然后慢慢吃掉，尽量不要吐出来；如果感觉到嘴里的食物有异味,有变质的可能,那就不要咽下,可悄悄地吐在筷子或者勺子上,然后将其放在餐盘的一角,不要直接吐在餐桌上或者地上。

■ 在餐桌上打哈欠。在餐桌上打哈欠,给别人的暗示就是:对饭菜或谈话没有兴趣。对于在座的其他人来说,这种行为显然是失礼的。如果实在控制不住打哈欠,也一定要马上用手捂住嘴,接着说:"对不起。"

■ 在餐桌上咳嗽、擤鼻子。咳嗽、擤鼻子的行为太过显眼,不适合在餐桌上进行。如果忍不住要咳嗽,最好别过脸去,用手巾或者餐巾捂住口鼻;忍不住要擤鼻子时,可先向在座的其他人道声"对不起",然后去洗手间解决。

■ 在餐桌上剔牙。如果牙缝里塞了蔬菜叶子或者其他食物的碎屑让你感到不适，可先喝口水轻轻地漱口，试试能不能将其冲刷出来，也可以起身去洗手间剔牙。最好不要当众用牙签剔牙，这样不但会让自己的形象大损，同时还会让同桌的人觉得恶心。如果实在脱不开身，在当众剔牙的时候也要用一只手挡住你的嘴，千万不要让自己咧着嘴的形象冲着他人。

■ 菜肴里发现异物而大声呼喊。如果发现菜肴里有异物，比如虫子，千万不要大声叫喊，这样会显得你修养不够，也不要花容失色地告诉邻桌的人，以免影响别人的食欲。应保持镇定，把它挑出来，然后尽快召唤服务人员过来处理。

● **品饮礼仪**

餐桌之上，因为有了酒和茶的参与而更富生机和情趣。俗话说"酒有酒礼，茶有茶道"，喝茶、饮酒是一种艺术，对礼节也多有讲究，遵循这些讲究才会体味到酒和茶的真味，才会达到和谐的美妙意境。

饮酒

中餐有句俗话叫作"无酒不成席"，所以"宴席"也叫作"酒席"。可见，酒在餐饮场合的重要性。在常见的饮酒场合，斟酒、祝酒、敬酒均各有讲究：

斟酒

在酒店举行的宴会上,一般由服务人员行使斟酒的责任。有时候,男主人为了表达对来宾的敬重、友好,也会亲自为其斟酒。宾主双方在斟酒中应注意的礼节有:

主人为来宾所斟的酒,应该是本次宴会上最好的酒,并应当场启封。在斟酒的时候,主人要注意这样三点:其一,要面面俱到、一视同仁,切勿只为个别人斟酒;其二,斟酒要按顺序进行,可以按照顺时针方向,从自己所坐位置开始,也可以先为尊长、重要客人斟酒;其三,斟酒要适量,白酒和啤酒均可以斟满,但洋酒则无此讲究,斟得过满以至于溢出酒杯,反而有失礼仪,而且是一种浪费。

在正式宴会场合,除了主人和侍者之外,其他宾客不宜自行为他人斟酒。

客人接受侍者斟酒的时候,简单地道谢就可以了,不必拿起酒杯。而如果男主人亲自斟酒,那么客人必须端起酒杯致谢,在必要时还要起身站立或者欠身点头为礼。

一般情况下,主人的敬酒必须接受。如果是女士,或者身体不宜饮酒者,也可婉言谢绝并说明不喝酒的原因。

祝酒

在正式的宴会上,致祝酒词也是不可缺少的环节,好的祝酒词可使宴会的气氛更热烈,让宾客更容易开怀畅饮。

男主人或者女主人有致祝酒词的优先权,如果无人祝酒,客人可提议向主人祝酒，也可以由主人第一个祝酒，客人第二个祝酒。

祝酒词应与当时的宴会场合相吻合，在大多数情况下，祝酒词宜有幽默感。但是在婚礼的场合，祝酒词应偏重于感情方面；在送别的场合，可侧重于怀旧或者对未来的祝福。

祝酒者可以和宾客一一碰杯，如果人数众多，只要举杯致意就可以了。祝酒者不必把酒杯里的酒一下喝光，每次喝一小口就可以了。

在别人祝酒的时候，其他人应暂停其他活动，注意倾听。

敬酒

在正式的宴会场合，男主人向来宾提议为了某种事由而饮酒，称之为敬酒。敬酒是一门学问，处理得当能增进感情，处理不当则徒添尴尬。

敬酒要充分考虑顺序问题，一般以年龄大小、职位高低、宾主身份为序。即使与不太熟悉的人一起喝酒，也要先打听一下对方身份或者留意别人如何称呼。在敬酒的时候，如果称呼错误是件很尴尬的事情。

如果有求于在座的某位客人，适当地对其恭敬是无伤大雅的。如果场上有身份更高、更有地位的人，而你只向为你帮忙的人敬酒，显然会让其他人不高兴。

主人或者其他人敬酒或者提议干杯的时候，在座宾主应持酒杯起身站立，即使滴酒不沾者也应拿起水杯做出样子。在干杯的时候，应手举酒杯，道声"干杯"之后将酒一饮而尽，或者饮去一半，或者饮适当的量。然后，还需手持酒杯与提议干杯者对视一下，这一过程方能宣告结束。

在中餐宴会上，干杯时还应象征性地与对方碰一下酒杯。出于敬重之意，可使自己的酒杯比对方稍低。如果对方相距太远，可以用"过桥"之法作为变通，即以手中之酒杯轻碰桌面。

客人如果接受了主人的敬酒，为表示对主人的尊敬，一定要找个合适的时机，向主人回敬。

饮酒禁区

逼酒。许多人将逼迫别人饮酒看作是一种热情的表现，实则往往会引起别人的反感。当然，作为被逼迫者，可大方地说明不能喝酒的原因，并委婉且坚决地拒绝，不可又躲又藏，推推诿诿。

大声划拳。许多人习惯于在饮酒的时候猜拳行令、大吵大闹，倘是在私下也无不可，但是在餐厅等公共场合无疑是十分失礼的。

品茶

我国历来有以茶待客的习俗，如今客来敬茶依旧是人们日常社交和家庭生活中常见的往来礼仪。为尊贵的客人奉上一杯清茶，以茶佐谈，最能体现主人的待客之诚。只是，以茶待客也需遵循一定的礼仪方能起到预期的效果。

选茶

茶分多种，有红茶、绿茶、乌龙茶、花茶、紧压花茶等，各种茶也各有其鲜明的特色。为客人奉茶，自然要投客人所好。所以，在沏茶之前，最好要先征求客人的意见，根据客人的爱好或者要求来选茶。

装茶

所谓装茶，就是将茶叶放入客人的茶具中。在这个过程中，有两个问题需要特别注意：其一，给客人提供的茶具应当是清洁和完好无损的，包括茶杯、茶托、茶盘等物；其二，装茶要使用茶匙，用手去抓茶叶不但不能保证卫生，亦不能体现对客人的尊重。

献茶

为客人献茶，可由主人或者其他人员进行。献茶的时候要注意以下两点礼仪：

献茶的先后顺序不能乱。客人与主人之间，要先给客人献茶；客人与客人之间，要先给主宾献茶。

为多个客人献茶，要保证茶盘端出的茶色均匀，用左手捧着茶盘底部，右手扶着茶盘的边缘。如果备有茶点，应放在客人的右前方，茶杯则应放在点心的右边。

献茶的时候，应以右手端茶，从客人的右方奉上，并面带微笑，眼睛注视着对方。

斟茶

所谓斟茶，就是往客人的茶杯里倒入热水。它可以是开始沏茶时的沸水，也可以是以后每隔一段时间的续水。无论是哪一种情况，都要遵循一定的礼仪，否则可能表现出错误的含义。

中国人待客有"浅茶满酒"的说法，即在奉茶的时候，茶水不能太满，以八分满为宜。倘若把茶杯斟满，则有厌客或者逐客之嫌。

真正热情的主人总是会十分勤快地为客人斟茶，不会等到客人茶杯里的水都喝光了才去续水。

在接受主人斟茶的时候，客人也应有所表示，可起身或者欠欠身，也可以用弯曲的食指或者中指轻轻敲打桌面，以示谢意。在斟茶的时候，如果客人对斟茶者视若无睹或者无动于衷，是不合礼仪的。

劝茶

以茶待客的时候，主人可以在适当时候向客人劝茶。但是劝茶也有讲究，旧时候中国有以"再三请茶"暗示客人应该告辞的做法。因此在以茶招待老年人或者海外华人的时候，不宜一而再再而三地劝对方饮茶，以免造成误解。

饮茶

吃要有吃相，睡要有睡相，饮茶也有饮茶的样子。优雅地饮茶要注意以下几点：

无论宾主，都应浅尝细品，而不宜大口大口地吞茶，甚至喉咙处还发出"咕噜咕噜"不雅的声音来。这样不但会暴露饮茶者的满脸蠢相，对其他人也会造成影响。

在端起茶杯的时候，应以右手持杯耳，如果是无杯耳的茶杯，则应以右手握茶杯的中部。不要用双手捧茶杯或者用手握住茶杯的杯口，这样做既显得粗鲁而且不卫生。

使用带有杯托的茶杯时，可以用右手直接端起茶杯而不动杯托，也可以用左手将杯托连茶杯端至左胸高度，然后以右手端起茶杯饮用。

用盖碗茶的时候，可用杯盖轻轻将浮在茶水上的茶叶拂去，不要用口去吹；如果茶水太烫，也要尽量避免用口去吹。最好将其放在一旁，待其自然冷却。

如果主人告知所饮的是名茶，则在饮用之前应仔细观察一下茶汤，在饮用后还需赞赏。不予理睬甚至随口加以贬低，说"喝起来不怎样"、"这茶有些走味儿"等话语，都是对主人不尊重的表现。

西餐礼仪

在欧洲，所有跟吃饭有关的事，都备受重视。因为它不仅提供了美食的享受，更成了人与人之间交流的一种方式。所以除了要学会品尝菜色之外，知晓餐酒、菜式的搭配，以及拥有优雅的用餐礼仪都是享用西餐的必修课。

● **西餐桌次与位次**

与中餐不同的是，正规的西餐桌多是长桌而不是圆桌。不过，对桌次和位次的讲究，中西餐倒是一样的。

桌次

在正式的西餐宴会上，桌次的高低尊卑以距离主桌的远近而定。一般来说，越靠右的桌次越尊贵。桌次较多时，为方便宾客入座，一般都摆放有桌次牌。

座次

西餐的位置排法与中餐的有比较大的区别，主要有两种方式：

■ 英美式。参加英美式的宴会，餐桌的两端分别为男女主人。西餐宴会的重要功能之一就是拓展人际关系,因此夫妻一同受邀时,一般会被分开来坐,男士应坐在女主人的右手边,女士坐在男主人的右手边。左边是次要客人的位置。其用意就是让人能够与身边的宾客聊天认识,以达到拓宽交际圈的目的。

■ 法式。主人的位置在中间,男女主人对坐,男主人右边是女主客,左边是女次客;女主人右边是男主客,左边是男次客。陪客则要尽量往旁边坐。

非正式场合就座原则

出席非正式的西餐宴会,应遵循"女士优先"的原则,即男士应将尊位、更好的位置让给女士。

男女二人就餐,男士应当请女士坐在自己的右边,还要注意不要让女士靠近人来人往的走道。如果只有一个靠墙的位置,男士应将这个位置让给女士。此外,男士还要主动为女士移动椅子,以帮助其就座。

如果是两对夫妻就餐,靠墙的位置应该让给夫人们,男士坐在各自妻子的对面。

如果是两位男士陪同一位女士用餐,女士应坐在两位男士的中间。

如果是两位同性就餐,年长者应坐在尊位或者靠墙的位置。

● 西餐餐具使用

使用刀叉进餐是西餐的基本特征,因此正确使用刀叉也是西餐礼仪的重要内容。除刀叉之外,餐匙和餐巾也是西餐的主要餐具。只有学会使用这些餐具,才能够从容优雅地品尝西餐。

刀叉

刀叉的种类

在正规的西餐宴会上，不同的菜应使用不同的刀叉。具体来说，刀叉的种类有吃黄油用的、吃鱼用的、吃肉用的、吃甜品用的等。这些刀叉不仅形状各异，更重要的是其摆放的具体位置也各不相同，不常吃西餐的人可根据后者来正确取用刀叉。

刀叉的使用规则

在使用刀叉进餐时，刀用来切割食物，叉用来送食物入口，切忌用刀取食物送入嘴里。使用刀叉进餐有两种方式可供选择，一种被称为"英国式"，用餐者始终用右手持刀，左手持叉，一边切割，一边叉而食之，这种方式较为文雅；一种被称为"美国式"，用餐者一口气把餐盘中的所有食物全部切好，然后把餐刀放在餐盘前方，将左手的餐叉换到右手，开始进食，这种方法较为省事。无论是采取哪种方式进食，在使用刀叉时都应注意以下几点：

在切割食物的时候，要双肘下沉，切忌左右开弓，以免妨碍他人。在切割食物的时候，最好不要弄出声响。

切割好的食物，应大小合宜，适合整块入口，不宜用叉子叉起后一口一口咬着吃。

可拿着刀叉在餐桌上谈话，但是要做手势的话应将刀叉放下，切忌拿着刀叉在空中挥舞。

不可一手拿刀或叉，另一手拿餐巾擦嘴；不可一手拿酒杯，另一手用叉取菜。

刀叉掉到地上，不宜自行捡起，可叫侍者捡起并更换。

给别人传递刀叉时，将尖锐面、锋利面朝向对方是有失礼仪的。正确的做法是将刀刃朝向自己，双手奉上。

舔食刀叉上的食物残渣也是不雅观的。

刀叉的摆放方式还能传达出"用餐中"或者"用餐结束"的信息。将刀口向内，叉齿向下，呈"八"字状摆放在餐盘之上，代表了此菜尚未用毕。切忌将刀叉摆放呈"十"字状，在西方人看来，这是令人晦气的图案。刀口向内，叉齿向下，左叉右刀并排纵放，或者刀上叉下并排横放在餐盘里，这是在告诉侍者：用餐完毕，可收拾餐桌。

餐巾

在西餐厅用餐之前，餐巾多被叠成一定的图案，放置于用餐者右前方的水杯里，或者平放在用餐者右侧的桌面上。餐巾有大中小之分，形状也有长方形、正方形之别。餐巾使用的礼仪包括以下几点：

■ 用餐者无论使用哪种餐巾，均应将其平铺在自己并拢的大腿上，不可将其挂在领口。

■ 使用正方形餐巾，应将其折叠成等腰三

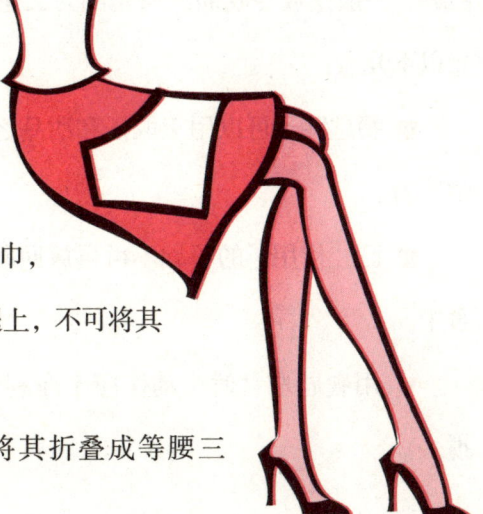

角形，并将直角朝向膝盖方向；使用长方形餐巾，应将其对折，折口向外平铺。打开和折放餐巾的过程，应在桌下进行，不宜凭空抖动餐巾。

■ 可以用餐巾擦拭口部，但所用餐巾的部位应大体固定，最好只使用其内侧。最好不要用餐巾擦汗、擦脸。切忌用餐巾擦拭餐具，因为这等于向主人暗示餐具不洁。

■ 餐巾还可以进行多种特殊暗示：当女主人铺开餐巾时，相当于宣布用餐开始；当女主人把餐巾放在餐桌上，表示用餐结束；当中途离开时，可将餐巾放在本人座椅的椅子或者椅背上，表示用餐只是暂时中止。

餐匙

餐匙也是西餐必不可少的一种餐具，它分为两种，一种是个头较大的汤匙，一般摆放在右侧最外端，与刀并列；一种是个头较小的甜品匙，一般摆放在吃甜品所用的刀叉正上方。在使用餐匙的时候要注意以下几点：

■ 餐匙除了可以用于取汤和甜品之外，绝不可以直接用其取用其他菜肴。

■ 已经使用了的餐匙不可再放回原处，也不可将其插入菜肴、主食中。

■ 用餐匙取食时，动作应干净利索，不可在甜品或者汤中搅来搅去。

■ 用餐匙取食时，不应一次取用过多，而其一旦入口，就要将其用完。餐匙入口时，应以前端入口，不宜将它全部塞进嘴里。

■ 使用餐匙时，应尽量保持其周身干净整洁，不要把它弄得"色彩缤纷"。

洗指碗

洗指碗，顾名思义就是用来洗手指的器具，它大多是用金属或者玻璃制成的小钵。通常，洗指碗里会装上四分之三的清水，有时候还会放几朵小花型装饰品，看起来就像是一碗精心调制的饮料。

洗指碗通常只会在比较正式的西餐宴席场合才会派上用场，比如海鲜西式大餐。在上一道甜点或者用手剥着吃的龙虾之前，服务人员会给每位客人送来这样一小碗水。你可以把手伸进洗指碗，轻轻洗一洗，然后取出擦干，再将洗指碗连同垫子一起移至左前方的位置。没有见过这种场面的人往往会端起洗指碗，将里面的水一饮而尽。如果这个人是你的同桌，不要错愕，也不要声张，就当什么都没有发生好了。因为这对那个人来讲实在是无地自容的事情。

有的时候，服务人员也会在客人用过甜点之后才把洗指碗端过来，以供客人清洗弄脏的手指。洗指碗里有时会放两片柠檬，不要无故地将其捞出来，那是为了去除附着在手指上的味道而放的。

西餐用餐礼仪

一套正式的西餐宴会，通常有多种菜式，每一种菜式的吃法都有所不同。掌握各种菜式的吃法，才能让自己免于在餐桌上失态。

汤

西方人不说"喝汤"，而说"吃汤"，这是有道理的。因为喝汤难免出声，而汤送到嘴边吃下通常不会出现异响。在用汤的时候出声，在西方人看来是十分丢脸的事情。为了达到吃"无声汤"的效果，你要注意以下几点：

■ 如果汤有些烫，不妨等它凉了以后再喝，不要不耐烦地用嘴去吹。

■ 喝汤的时候，应先用汤匙由后向前将汤舀起，汤匙的底部放在下唇的位置将汤缓缓倒进嘴中，记住是"倒"而不是"吸"。汤匙与嘴部呈45度角较好，身体的上半身应略微前倾，以防汤汁掉下来弄脏了衣服。

■ 汤快喝完了的时候，可用左手将汤盘外侧稍稍翘起，然后用汤匙舀净即可。不可以端起汤盘来，豪气地一饮而尽。

面包

在西餐的餐桌礼仪上，有"左面包，右水杯"的说法，千万不要把二者颠倒摆放，否则就会给人留下笑柄。除此之外，在吃面包的时候还应注意以下几点：

■ 面包和汤是不适合一起食用的，一般来说喝完汤之后才能吃面包。

■ 将大块的面包插起来，一口一口地吃，是不合礼仪的。可先将面包撕成小块，然后用左手拿起来吃。在用餐的时候，一次夹起太多的食物送入口中也是不雅观的,"小口用餐"永远都不会错。

■ 吃硬面包的时候,可先用刀将其切成两段,然后再用手掰着吃。需要注意的是,不能像锯木头似的,把面包锯开,而应该把刀插入面包的中部,往靠近自己身体的一边切下,然后把面包转过来切另一半。在切面包的过程中,为了避免发出声响,可用叉将面包固定。

■ 可用叉子叉起小块的面包蘸调味汁来吃。如果能把调味汁吃得干干净净,那是厨师的荣耀。

肉类

肉类又分为许多种,比如牛排、鸡肉、烤肉等,每一种肉类食物又有不同的吃法。

牛排。切牛排时,应从左至右将牛排切成一口大小的块儿。若把牛排切得太小,不仅容易溅出肉汁,而且牛排还会因为凉得快而失去应有的味道。牛排需要蘸着酱料吃,但不要直接将调味酱淋在牛排上。应将调味酱放在盘子的内侧,调味酱的量以两汤匙为宜。

鸡肉。用餐叉叉中鸡腿、鸡脯或者鸡翅,用刀把肉切成适当大小的片,每次只宜切两三片。吃鸡腿的时候,要记得首先将骨头去掉,不要用手拿着吃。如果场合很正式，不方便使用刀叉取用，干脆就别动；如果场合较轻松，可用手拿小块骨头吃，但也只能用一只手。

烤肉。烤肉根据烧烤的程度，可分为半熟、略生、生熟适中、略熟、熟透等，点菜的时候要先选好烧烤的程度。

鱼

鱼是西餐的主菜之一，其肉质嫩而易碎，所以一般不为鱼准备专用餐刀。一般来说，西餐吃鱼时主要注意以下几点：

■ 西餐吃鱼首先要处理鱼骨头，这与中餐先吃鱼肉不同。用餐者可先用刀在鱼鳃附近刺一条直线，刀尖不要刺透，刺入一半即可；将鱼的上半身挑开之后，将刀放在骨头的下方，往鱼尾方向划开，把骨剔掉并挪到盘子的一角。最后把鱼尾去除。

■ 吃鱼的时候，如果吃到鱼刺，不要直接将鱼刺吐出来，而应用舌头把鱼刺顶到唇边，再用叉子接住放到盘子边；如果鱼刺卡进了牙缝里，则应用餐巾挡在嘴前，用拇指和食指将其拔出来。

■ 如果需要在鱼身上淋点儿柠檬汁，注意要用手遮挡一下，以免把柠檬汁溅到别人的身上。

沙拉

沙拉是用各种凉透了的熟料或者可以直接食用的生料，加入调味品或者浇上各种冷沙司、冷调味汁拌制而成的。其具体吃法及注意事项有：

■ 如果沙拉是装在一个大盘子里端上来的，可用沙拉叉吃；如果沙拉是和主菜放在一起的，则可以使用主菜叉来吃。

■ 如果沙拉是主菜和甜品之间的单独的一道菜，那么通常要和奶酪、炸玉米片一起吃。可先取一两片面包放在你的沙拉盘上，再取两三片玉米片。奶酪和沙拉要用叉子食用，而玉米片则可以用手拿着吃。

■ 将大片的生菜叶子用叉子切成小块，如果不好切可以刀叉并用。一次只切一片，不可将整盘的生菜叶一次切成小块。

■ 如果沙拉配有沙拉酱，整盘的沙拉很难一次都拌上沙拉酱，可先将沙拉酱浇在一部分沙拉上，吃完这部分之后再加酱。

甜点

西餐甜品的种类很多，可根据自己的喜好取用，以下介绍几种甜品的吃法：

■ 蛋糕。可用刀叉分割取食，较硬的蛋糕用刀切割后，同样可用小叉子分割取食。至于小块的硬饼干，则可直接用手取食。

■ 炖制水果。吃炖水果要用勺子，不过你可以用叉子来稳住大块水果。吃有核水果的时候，如樱桃、梅干、李脯等，可将核吐在手心里，然后放在盘边。

咖啡

咖啡在西方国家的地位，就像茶在东方国家的地位，都是不可或缺的日常饮料。正如东方国家喝茶有"茶道"，西方人喝咖啡的礼仪也是非常讲究的。

咖啡器具使用礼仪

咖啡杯与咖啡碟。咖啡杯和咖啡碟是为盛咖啡而专门制作的，待客的时候，它们的位置应该在客人的正面或者右侧。咖啡杯多为袖珍型，其杯耳也是袖珍的，以至于人的手指都无法穿过。其实，手指不穿过杯耳是端咖啡杯的一种礼仪规范，就算杯耳足够大，你也不能让自己的一指或者两指穿过。端咖啡杯的正确做法是，用右手的拇指和食指捏住杯把儿，左手轻轻拖着咖啡碟，慢慢向嘴边移动。如果要离开沙发或者起立谈话的时候，可用一只手端着咖啡碟。

咖啡匙。喝咖啡的时候，餐厅一般会准备一个精致的咖啡匙。咖啡匙是用来搅拌咖啡以加速咖啡的冷却，或促使糖和奶精尽快溶化。它没有为你舀起咖啡的义务，也不能为你捣碎杯中的方糖。如果你执意这么做，说明你还是一个不懂咖啡饮用礼仪的门外汉。在喝咖啡的时候，咖啡匙应拿出来放在咖啡碟上，而不能放在餐桌上。

咖啡饮用礼仪

加糖。咖啡的原味是苦的，大多数人适应不了这种味道，所以加糖是免不了的。如果要给咖啡加砂糖，那就可以直接用咖啡匙舀砂糖加入杯中。如果要给咖啡加方糖，就应该先用糖夹子把方糖夹到咖啡碟的近身一侧，然后再用咖啡匙把方糖加到杯子里。如果直接用糖夹子把方糖放入杯子里，那有可能让杯子里的咖啡溅出来，弄脏了衣服或者台布。

冷却咖啡。如果咖啡太烫，不妨把它放在那里冷却一下，也可以用咖啡匙轻轻搅动使之快点凉下来，注意在搅拌咖啡的时候，手腕不要动，用手指轻轻搅动咖啡匙就可以了。不要心急地用嘴去吹咖啡，这是非常不雅的动作。

饮酒礼仪

在用餐的同时，让人享受一种优雅、浪漫和温馨，这是西餐的特点，而酒正是营造浪漫氛围的特殊饮品。所以在某种意义上来说，酒才是西餐餐桌上的主角。认识酒、点对酒才能优雅地品酒，这些都属于西餐饮酒的礼仪范畴。

认识"洋酒"

"洋酒"是指欧美常用的各种酒类的总称。认识各种洋酒，在吃西餐的时候才能自如地选择最适合自己的酒，从而提高用餐品质。

较常喝的餐前酒

餐前酒也叫开胃酒，是在吃西餐开胃菜或者在正式用餐之前饮用的酒。餐前酒不是非点不可，它主要是为食客等待上菜时准备的。常用的餐前酒有以下几种：

雪利酒。雪利酒素有西班牙"国酒"的美誉。雪利酒种类繁多，从甜口到烈口均有，餐前饮用的时候，适宜选择烈口的纯雪利酒。

意大利苏打红酒。意大利人喜欢在餐前饮用此类添加香料调配而成的香甜酒。

基尔酒。这是一种用白葡萄酒或者香槟与黑加仑酒按照一定比例调配而成的鸡尾酒，适合在用正餐之前饮用。

较常喝的餐酒

餐酒也叫佐餐酒，是正式食用西餐时饮用的酒。常用的餐酒一般是葡萄酒，主要包括：

红酒。红酒即红葡萄酒。红酒非常适合在喜宴、派对等隆重、热烈的场合饮用。

白酒。白酒即白葡萄酒。白酒较红酒味甜且酒精度低，适合为餐桌上的女士点。

香槟。香槟是一种庆祝佳节用的酒，是"葡萄酒之王"。

较常喝的餐后酒

餐后酒指吃完正餐后饮用的酒，有促进消化的作用，还可以为人们用餐后助兴。常用的餐后酒有：

鸡尾酒。用两种或者两种以上的酒、果汁、香料混合而成的酒即鸡尾酒。

白兰地。白兰地是以水果为原料，经过发酵、蒸馏而制成的酒。

餐厅礼仪

当前，餐厅是人们社交、商务洽谈、约会的重要场所。正规餐厅，从预约到结账，每个步骤都有一定的礼仪规范。不遵守这些规范，不仅可能被餐厅拒之门外，还可能给与你共同进餐的人留下不好的印象。

● 预约与到达

在较为高档的餐厅用餐，预约是必须要有的程序。这无论是对餐厅来说，还是对用餐的客人来说，都能够做到准备周全、从容不迫。

预约

提前一周或者至少提前三天预约是合适的，这样你可以从容赴约。在赴约之前还要提前一天或者一个小时向餐厅打电话确认。

在预约时，需要向餐厅提供的信息包括：用餐人数、时间、是否需要安排在吸烟区、有无特殊的意义（如生日等）、有无特殊的禁忌等，如果打算品尝制作费时的菜肴，还要提前预订。

应按照原先约定的时间到达餐厅，这是最基本的礼貌，否则餐桌保留10至20分钟后即转给他人；如果打算取消预约应在第一时间通知餐厅。

抵达

按照约定的时间到达餐厅后，不宜径直往里寻找座位，而应让服务员为你引导。

大型的随身物品如大衣等，可寄放在衣帽间，贵重物品以及手提包应带到自己座位上。

一些餐厅备有专门的等候室，供顾客等候未到的友人。如果等待室里设有吧台，不妨边饮餐前酒边等待。如果等候区的座位有限，则应礼让老弱妇孺先坐。

在高档餐厅，就座时应当是服务人员负责为客人拉椅子，客人自己去搬椅子是失礼的。

● **点餐与点酒**

餐厅菜单内容比较丰富，中餐有凉菜、热菜、"大件"等；西餐则一般由头盘、汤、副菜、主菜、蔬菜类菜肴、甜点、咖啡或茶、酒类等组成，上菜的顺序也大体如此。除非你食量大得惊人，否则这些菜不必全点，因为点多了吃不完也是一种失礼的行为。而点餐也正是从研究菜单开始的。

点餐

中餐点餐礼仪

在中餐厅用餐的时候，首先注意一定要点上几个凉菜，以免桌子上空荡荡的。如果是较为正式的宴请，点四到八个凉菜是合适的，如果宾客十分重要，也可以点到十多种。

中餐热菜的数量一般应为偶数，因为传统观点认为偶数是吉利的。一般宴请可点六至十二道热菜，在豪华的餐宴上，热菜有时可达十六或者三十二道。

一桌中餐菜肴，应有几个关键的菜，也称作"大件"或者"大菜"。关键菜的质量和价格，是宴请规格的重要体现。关键菜可提前点，以给本次的宴请定个级别。

在中餐厅宴请宾客的时候，不妨点几个该店的特色菜，这可以给各个级别的客人带来乐趣，也可使餐桌上多一个话题。

除凉菜和热菜之外，还要点一些点心，如馅饼、包子、杏仁豆腐等。

西餐点餐礼仪

西餐点菜不是从头盘开始，而是先选择自己喜欢的主菜，而后配合适当的汤、开胃菜和酒。在西餐厅用餐不宜只点一种餐点，除非对这家餐厅的某一道菜肴情有独钟，否则最好不要只点一种。也不宜只点下酒菜和酒，而不点其他料理，毕竟餐厅是就餐的场所而非酒吧。

点酒

酒与菜严格而准确地搭配才能吃出西餐最地道的味道来。在较为高级的西餐厅里，点酒尤其不能充内行，不懂而主动地询问并不是丢脸的事情，不懂装懂以致弄巧成拙才让人尴尬。点酒通常应当由主人来决定，如果主人不懂酒，也可请客人代点。

酒与食物的口味要搭配

西餐内按食物的口味大体可分为四类，即酸、甜、苦、咸，不同口味的食物搭配不同口味的酒，才更有好味道。

酸性食物如沙拉，不太容易选择搭配的酒，因为这种食物中的酸会破坏酒的醇香。但是如果与酸性的酒搭配就十分相宜，比如沙拉与酸性酒合用，酒中的酸会被沙拉的乳酸分解掉，使酒味更醇香。

吃甜点时，糖分过高的甜点可能会将酒味覆盖，使酒饮之无味。所以，可选择口味甜一些的酒与甜品共用，这样酒才能保持原来的口味。

带苦味的食物不妨与苦味的酒一起食用，苦味就会降低一些。所以，如果想减少或者除去苦味，不妨将苦味酒和带苦味的食物搭配食用。

在许多国家和地区，人们在食用海产品或者鱼类的时候，都会搭配以柠檬汁或者酸味酒，因为这些饮料的酸味能够降低鱼类的咸度，食用时味道更加鲜美可口。

点酒的流程

在西餐厅点酒的时候，鉴于酒的重要性，服务生会全程为客人提供服务。下面以葡萄酒为例介绍一下西餐点酒的流程。

■ 在开瓶之前，服务生一般会让客人先检查酒。客人通过阅读酒标，确认该酒的种类、年份等方面是否与所点的酒一致。此外，客人还应检查一下瓶盖的封口处是否有露酒的痕迹，酒标是否干净，然后再决定是否开酒。

■ 在开酒之后，服务生一般会请客人查看一下葡萄酒的软木塞，如果软木塞是潮湿的，说明这瓶酒采用了合理的保存方式；否则，这瓶酒可能会因为保存不当而变质。客人可亲自品尝一下，以进一步确认酒的品质。

■ 如果对酒的品质认可，客人可微笑着示意服务生可以正式倒酒。

■ 每次用完酒杯里的酒时，服务生一般会主动过来斟酒，如果客人不想喝了，用单手遮住酒杯，服务生就会会意。

结账与离席

结账与离席是用餐的最后一个环节，用餐的过程可能持续一两个小时之久，而结账和离席往往只需要一两分钟，这个时候如果能够表现得从容大方，可以留给自己的同伴或者服务人员一个好印象；反之则可能前功尽弃，使自己努力维持的彬彬有礼的用餐形象毁于一旦。

结账

在准备结账时，可利用服务人员经过你身边的时候，轻声地告诉他："请帮我们结账。"如果一时没有服务员经过，不妨耐心地等待一两分钟。千万不要高声地呼唤服务员或者吹口哨、敲打餐具，这会让你显得没有教养，也会影响其他桌的客人用餐。

在较为正式的餐厅，客人应该在自己的位置上结账，而跑到柜台前面掏出钱来结账既不雅观,也不合乎餐厅的礼仪。

在结账的时候,务必要告诉服务员将账单送到自己手里来,不要让服务员当众报账,更不能让服务人员不明所以地将账单送到其他客人手里,以免让客人感到尴尬。

拿到账单的时候,应迅速核算数目,如果觉得数目差不多,可迅速结账。如果数目有出入,可让服务员重新核算。整个过程最好悄悄进行,不必让客人知道餐费的具体数目。

用现金付账的时候,应当把钱放在结账的夹子或者盘子中,再用账单将钱盖住,这样做也是为了避免让其他客人感到尴尬。

对于不准备付钱的客人而言,不看账单,不问付账的金额,是餐桌上最基本的礼貌。

现代人讲究AA制,在餐厅用餐用AA制付费是合适的,倘能在统一结账后再行分摊则可更顺利地完成结账。

需要特别注意的是,用餐结账绝对是男士的"专利",即便是事先说好由女士请客或者男男女女大家AA制,也应由女士将钱交给男士,由男士完成召请服务人员并结账的工作。

离席

付完账之后,可以逗留一会儿,聊聊天、抽一支烟或者喝一杯茶。如果时间已晚,可由女主人用征求意见的口气询问客人:"我们现在走好吗?"如果席间只有男主人,那么男主人一旦起身就意味着应该走了。

离座时，应从右侧起身，并应把椅子向前推好。

● 餐厅礼仪细节

与家庭不同，在餐厅里你还必须时时刻刻注意一些行为细节，因为它们更容易在不经意间暴露出你"粗鲁"的一面。

餐厅常规礼仪

在较为正规的餐厅，如果服务人员安排的座位不能如你所愿，可请教是否可以换其他的座位。切不可自行决定座位，这是十分失礼的行为。此外，女士手提包不宜放在餐桌上，可以将其挂在椅背上或者放在脚边。

正规餐厅一般不准吸烟，但会准备有吸烟区，你可以询问侍者吸烟区的位置。如果是允许吸烟的餐厅，你也必须等同桌人用餐完毕之后再吸，但不要忘记先向周围的人打声招呼。

意外情况礼貌应对

用餐的时候如不慎将餐具碰落,不要自己弯腰去捡,可招呼服务人员过来帮你捡起并换一副餐具过来。在档次较高的餐厅,服务人员会随时关注客人的情况,如需帮忙尽可以抬手示意,但尽量不要引起其他客人的侧目,更不可大声召唤服务人员。如果服务生没有注意到,可迅速举手招呼。招呼服务生的时候,不宜使用"喂"、"那个"等词汇。

如果感觉西餐料理味道有异,可以请服务人员过来确认,只是在告知服务人员的时候最好不要让其他客人听到,这也是一种礼仪。

位次排列礼仪
——前后左右体现高低尊卑

位次礼仪是社交礼仪的重要组成部分，是否能够掌握位次礼仪能够反映出个人或者公司的基本素养。恰当而妥善地进行位次安排，能让来宾感受到被认可和受尊重，并体现出你细致的工作作风和态度。反之，在重要的社交场合或者宴会中，不恰当的位次安排往往会影响人们之间的良性沟通。

出行位次

不管是在工作场合还是在日常生活中，人们难免会遇到与他人一起行走、一起乘坐电梯、一起乘车的现象。此时千万不能忽视了位次礼仪细节。这不但能展现你的风度，更能展现你对他人的尊敬。

● **行进**

在陪同、接待来宾或者领导时，行进中的位次礼仪是十分重要的。一般来说，行进中需要注意的位次礼仪有步行和上下楼梯两大方面。

步行位次

接待人员与客人单行行进时，即成一条线行进时，讲究前方高于后方，以前方为尊，一般应让客人走在前面。

■ 与客人并排行进时，讲究中央高于两侧，内侧高于外侧。一般情况下，应该让客人走在中央或者内侧。

■ 接待人员为男性，若主宾也是男性，则接待人员应走在主宾一方的稍靠前处，而不是走在主宾夫人的一方。

■ 单行行进时，以前方为上，一般应让来宾走在前方。在来宾不认识路的情况下，接待员可走在来宾前面引路。一般来说，接待人员的标准位置是在客人左前方的1至1.5米处，即与访客保持一步之遥，这样既不会因为距离太远而影响交流，也不会因为距离过近而发生身体上的碰撞。

上下楼梯位次

■ 因为楼梯较窄，所以上下楼梯时一般应右侧单行行进，让宾客走在前面。但是有一点需要注意，如果是身着短裙的女性宾客，则应让其走在后，以免女士"走光"。

■ 陪同客人上下楼梯时，应让客人走在内侧，陪同人员走在外侧。一般应让客人靠墙走，这样能保证客人受到的骚扰较少。

■ 上下楼梯时，负责引路的接待人员应将身体侧向客人，用左手引导。如果完全背对客人，那是不太礼貌的。

● 电梯

如今，许多写字楼里都配有电梯，这些电梯有的是有人控制的、有的是无人控制的，出入不同的电梯要遵守不同的礼仪规范。

有人控制的电梯

出入有人控制的电梯，陪同人员应后进后出，让客人先进先出，意即把选择方向的权利让给地位高的人或者客人。当然，如果客人是初次光临，不宜墨守此规则，应主动走在前面为客人引路。

无人控制的电梯

出入无人控制的电梯时，陪同人员应先进后出，控制好按钮，让客人从容出入电梯。

■ 如果客人较多，感觉电梯有可能超载，应请客人先上。接待人员上电梯后超员的铃声响起，应迅速地出来。

■ 如果有个别客人迟迟不进入电梯，影响了其他的客人，在公共场合也不宜大声呼喊，可以利用电梯的唤铃功能提醒他。

■ 如果电梯内有外人，视情况决定是否与客人寒暄；如果电梯内没有外人，可略作寒暄。在电梯内应尽量侧身面对客人。

■ 到达目的楼层后，陪同人员应一手按开门按钮，一手做出请的动作，可说："到了，您先请！"客人走出电梯后，陪同人员应立刻走出电梯，并热诚地为其引导行进的方向。如果电梯内较为拥挤，陪同人员可先出电梯给来宾让路。

● 乘车

在商务活动中，轿车是最为常用的交通工具。在乘坐轿车时，首先要找准自己的位次，而不同的人也要通过自己合乎规范的行为表现出适当的礼貌。

乘车位次

■ 乘坐吉普车时，副驾驶位置是上座。后排右座是第二尊位，后排左座是第三尊位。

■ 乘坐四排座或者四排以上的中型或者大型轿车时，通常以距离前门的远近来确定座次。一般来说，距离前门越近，座次越尊贵；在各排座位中，又讲究"右高左低"。总的来讲，分辨中型或者大型轿车位次尊贵的基本原则是"由前而后，自右而左"。

■ 在主人亲自驾车的情况下，双排五座轿车的其他四个座位由尊至卑的次序为：副驾驶座、后排右座、后排左座、后排中座。

■ 在主人亲自驾车的情况下，三排七座的轿车，其他六个座位由尊至卑的次序为：副驾驶座、中排右座、中排中座、中排左座、后排右座、后排中座、后排左座。

■ 在主人亲自驾车的情况下，如果只有一个乘客，乘客应当坐在副驾驶的位置。如果有多人乘坐，乘客应推举一人坐在副驾驶的位置。如果让副驾驶的位置空着，是乘客对主人不尊重的表现。

■ 如果由专职司机驾驶轿车，双排五座轿车其他四个座位由尊至卑的次序为：后排右座、后排左座、后排中座、副驾驶座。

■ 在专职司机驾车的情况下，三排七座轿车其他六个座位由尊至卑的次序为：后排右座、后排左座、后排中座、中排右座、中排左座、副驾驶座。

■ 按照常识，轿车前排的座位，特别是副驾驶座，是车上最不安全的座位。所以，在社交场合，不宜请女士或者儿童在副驾驶席就座。在公务活动中，副驾驶座又被称为"随员座"，即一般安排给秘书、警卫、翻译、陪同等随从人员坐。

上下车顺序

■ 主人陪同尊贵的客人同乘一辆轿车的时候，主人应帮助客人先上车。先为客人打开右侧后门，并以手示意车篷上框，提醒客人注意别碰头。等客人坐好后，才可小心关门。主人则应从左侧后门上车。在抵达目的地时，主人应先下车，绕到后门右侧为客人打开车门，以手遮住车门上框，协助客人下车。

■ 如果男士陪同女士乘坐轿车，应主动协助女士上车和下车。如果女士裙装太短或者太紧，不宜先上车，男士不必谦让，应先行上车。

■ 在轿车抵达目的时，如果有专人恭候，并负责拉开车门，这时位尊者应当先下车。当然，如果是多座位的中型或者大型轿车，谁最方便下谁就应该先下车。

商务活动位次

成功的商业合作源自于良性的商务活动,要成功地进行商业合作,与对方相互尊重、友好合作、平等互惠是最基本的商务礼仪原则,而这首先要从商务活动的位次安排上体现出来。

● 会议

在商务会议活动中,与会人员的座次和站立的位置,能够体现他们不同的身份地位。所以,主办方在安排与会人员的座次或者站立位置的

时候，必须严格遵守礼仪规范的要求，尤其是特约嘉宾排列次序。倘若考虑不周，就会侵犯某些嘉宾的尊严，引起他们的不满情绪，所办会议的效果也会大打折扣。

洽谈会议

人们通常习惯于将在非正式场合举行的，或者并非解决某项重大问题、协调争端的谈判称为洽谈，与洽谈有关的各方会务被称为洽谈会。洽谈会的气氛比正式的商务谈判要柔和亲切，而要维持这种气氛，对礼仪也需要更加重视。

■ 举行双边洽谈的时候，主办方应提供长桌或者椭圆形的桌子，宾主双方分坐于桌子的两端。具体座次安排与双边商务谈判的座次安排一致。

■ 举行多边洽谈的时候，为了不失礼，可按照国际惯例以圆桌为洽谈桌，即所谓的圆桌会议，以淡化尊卑的界限。

茶话会议

茶话会是商业组织为联络老朋友、结交新朋友而举办的具有对外联络和招待性质的社交性集会。气氛较为轻松随意，座次安排上的尊卑之分并不明显，不摆与会者的名签。根据约定俗成的惯例，与会者的座次安排主要有以下几种排列方法：

■ 环绕式。所谓环绕式，即不设主席台，把座椅、沙发、茶几等摆放在会场的四周，不明确座次的具体尊卑，受邀参会者进入会场后自由就座。这种排列的方式与茶话会的主题十分吻合，也是最为流行的一种排列方式。

■ 散座式。散座式排位多见于室外举行的茶话会，即把座椅、沙发、茶几等自由的组合摆放，甚至可以根据与会者的个人要求而随意安置座位，以创造出一种极为宽松、惬意的社交环境。

■ 圆桌式。所谓圆桌式排位，就是在会场上摆放圆桌，与会者自由地在圆桌周围就座。圆桌式排位根据与会者的多寡又可分为两种形式，一种形式是适合人数少的，即仅在会场中央安放一张大型的椭圆形会议桌，请与会者围桌而坐；一种形式是在会场上放置若干张圆桌，请与会者自由组合就座。

■ 主席式。这种排位方式的特点在于，主持人、主人和主宾被刻意地安排在一起就座，其他人还是以自由组合的方式就座。

● 谈判

在举行正式的商务谈判时，有关各方在谈判现场具体的就座位次有严格的礼仪要求。具体的位次礼仪可分以下两种情况来讲。

双边谈判的位次礼仪

所谓双边谈判，指的是有两方人士进行的谈判，这是一种最为常见的谈判形式。双边谈判时的位次排列主要有两种形式可供酌选，一是横桌式，即谈判桌在谈判厅里横着摆放；一是竖桌式，即谈判桌在谈判厅里竖着摆放。

横桌式

为体现对客方人员的尊重，应请客方人员面门而坐，主方人员背门而坐。

双方主谈者应居中落座，其他人士则应依其身份的高低而先右后左、自高而低的顺序在己方一侧就座。

双方主谈者右侧的座位比较特殊，如果是涉外谈判，一般由翻译人员就座；如果是国内的商务谈判，可由谈判的副手就座。

竖桌式

本着右为上、左为下的原则，竖桌的右侧应请客方的谈判人员就座，左侧的位置应由主方的谈判人员就座。

其他礼仪与横桌式相仿。

多边谈判

多边谈判是指由三方或者三方以上人士所举行的谈判，多边谈判的座次排列可分为自由式和主席式两种：

自由式

所谓自由式,是指各方谈判人员在谈判前自由入座,无须在事前正式安排座次。

主席式

主席式是指主办方在谈判室内设置一个主席台,这个主席台一般应面对正门。各方发言时可上主席台,其他人员则背对着正门坐在主席台下。上台发言者在发言完毕后也应下台就座。

● 签约仪式

签约仪式上各方代表的座位是由主办方预先排定的,在正式签署合同的时候,各方代表对所受到的礼遇都十分在意,而座次最能直观地体现礼遇的高低,所以不能不慎重对待。签约是谈判的延续,与谈判分为双边谈判和多边谈判一样,签约仪式也有双边签约仪式和多边签约仪式之分,其具体的排位礼仪规范也略有不同。

双边签约仪式

应请客方的签字人在签字桌的右侧就座,主方的签字人应就座于签字桌的左侧。每个签字人还可随从一位助签人员,助签人员应站立于各自一方签字人的外侧,以便随时对签字人提供帮助。

双方参加签字仪式的其他人员可以按照一定的顺序在己方签字人的正对面就座,也可以按照职位的高低,依次排成一行,站立于己方签字人的身后。原则上说,双方参加签字仪式的人数应大体相近。

多边签约仪式

一般来说,多边签约仪式一般只设一个签字椅,各方签字人依照事先约定的先后顺序,依次上前签字。助签人员应随着签字人员一同行动,并站立在签字人的左侧。

其他参加签约仪式的各方随员,可按照一定的序列,面对着签字桌或坐或立。

书目

001. 唐诗
002. 宋词
003. 元曲
004. 三字经
005. 百家姓
006. 千字文
007. 弟子规
008. 增广贤文
009. 千家诗
010. 菜根谭
011. 孙子兵法
012. 三十六计
013. 老子
014. 庄子
015. 孟子
016. 论语
017. 五经
018. 四书
019. 诗经
020. 诸子百家哲理寓言
021. 山海经
022. 战国策
023. 三国志
024. 史记
025. 资治通鉴
026. 快读二十四史
027. 文心雕龙
028. 说文解字
029. 古文观止
030. 梦溪笔谈
031. 天工开物
032. 四库全书
033. 孝经
034. 素书
035. 冰鉴
036. 人类未解之谜（世界卷）
037. 人类未解之谜（中国卷）
038. 人类神秘现象（世界卷）
039. 人类神秘现象（中国卷）
040. 世界上下五千年
041. 中华上下五千年·夏商周
042. 中华上下五千年·春秋战国
043. 中华上下五千年·秦汉
044. 中华上下五千年·三国两晋
045. 中华上下五千年·隋唐
046. 中华上下五千年·宋元
047. 中华上下五千年·明清
048. 楚辞经典
049. 汉赋经典
050. 唐宋八大家散文
051. 世说新语
052. 徐霞客游记
053. 牡丹亭
054. 西厢记
055. 聊斋
056. 最美的散文（世界卷）
057. 最美的散文（中国卷）
058. 朱自清散文
059. 最美的词
060. 最美的诗
061. 柳永·李清照词
062. 苏东坡·辛弃疾词
063. 人间词话
064. 李白·杜甫诗
065. 红楼梦诗词
066. 徐志摩的诗

067. 朝花夕拾	100. 中国国家地理
068. 呐喊	101. 中国文化与自然遗产
069. 彷徨	102. 世界文化与自然遗产
070. 野草集	103. 西洋建筑
071. 园丁集	104. 西洋绘画
072. 飞鸟集	105. 世界文化常识
073. 新月集	106. 中国文化常识
074. 罗马神话	107. 中国历史年表
075. 希腊神话	108. 老子的智慧
076. 失落的文明	109. 三十六计的智慧
077. 罗马文明	110. 孙子兵法的智慧
078. 希腊文明	111. 优雅——格调
079. 古埃及文明	112. 致加西亚的信
080. 玛雅文明	113. 假如给我三天光明
081. 印度文明	114. 智慧书
082. 拜占庭文明	115. 少年中国说
083. 巴比伦文明	116. 长生殿
084. 瓦尔登湖	117. 格言联璧
085. 蒙田美文	118. 笠翁对韵
086. 培根论说文集	119. 列子
087. 沉思录	120. 墨子
088. 宽容	121. 荀子
089. 人类的故事	122. 包公案
090. 姓氏	123. 韩非子
091. 汉字	124. 鬼谷子
092. 茶道	125. 淮南子
093. 成语故事	126. 孔子家语
094. 中华句典	127. 老残游记
095. 奇趣楹联	128. 彭公案
096. 中华书法	129. 笑林广记
097. 中国建筑	130. 朱子家训
098. 中国绘画	131. 诸葛亮兵法
099. 中国文明考古	132. 幼学琼林

133. 太平广记
134. 声律启蒙
135. 小窗幽记
136. 孽海花
137. 警世通言
138. 醒世恒言
139. 喻世明言
140. 初刻拍案惊奇
141. 二刻拍案惊奇
142. 容斋随笔
143. 桃花扇
144. 忠经
145. 围炉夜话
146. 贞观政要
147. 龙文鞭影
148. 颜氏家训
149. 六韬
150. 三略
151. 励志枕边书
152. 心态决定命运
153. 一分钟口才训练
154. 低调做人的艺术
155. 锻造你的核心竞争力：保证完成任务
156. 礼仪资本
157. 每天进步一点点
158. 让你与众不同的8种职场素质
159. 思路决定出路
160. 优雅——妆容
161. 细节决定成败
162. 跟卡耐基学当众讲话
163. 跟卡耐基学人际交往
164. 跟卡耐基学商务礼仪

165. 情商决定命运
166. 受益一生的职场寓言
167. 我能：最大化自己的8种方法
168. 性格决定命运
169. 一分钟习惯培养
170. 影响一生的财商
171. 在逆境中成功的14种思路
172. 责任胜于能力
173. 最伟大的励志经典
174. 卡耐基人性的优点
175. 卡耐基人性的弱点
176. 财富的密码
177. 青年女性要懂的人生道理
178. 倍受欢迎的说话方式
179. 开发大脑的经典思维游戏
180. 千万别和孩子这样说——好父母绝不对孩子说的40句话
181. 和孩子这样说话很有效——好父母常对孩子说的36句话
182. 心灵甘泉